KB109819

유언장

어떻게
쓸 것인가

유언장 어떻게 쓸 것인가

발행일	2023년 6월 9일			
지은이	건양대학교 웰다잉 융합연구소			
펴낸이	손형국			
펴낸곳	(주)북랩			
편집인	선일영	편집	정두철, 배진용, 윤용민, 김부경, 김다빈	
디자인	이현수, 김민하, 김영주, 안유경	제작	박기성, 황동현, 구성우, 배상진	
마케팅	김회란, 박진관			
출판등록	2004. 12. 1(제2012-000051호)			
주소	서울특별시 금천구 가산디지털 1로 168, 우림라이온스밸리 B동 B113~114호, C동 B101호			
홈페이지	www.book.co.kr			
전화번호	(02)2026-5777	팩스	(02)3159-9637	

ISBN   979-11-6836-940-5 03330 (종이책)   979-11-6836-941-2 05330 (전자책)

잘못된 책은 구입한 곳에서 교환해드립니다.
이 책은 저작권법에 따라 보호받는 저작물이므로 무단 전재와 복제를 금합니다.
이 책은 (주)북랩이 보유한 리코 장비로 인쇄되었습니다.

이 저서는 2020년 대한민국 교육부와 한국연구재단의 지원을 받아 수행된 연구임
(NRF-2020S1A5C2A04092504)

(주)북랩 성공출판의 파트너

북랩 홈페이지와 패밀리 사이트에서 다양한 출판 솔루션을 만나 보세요!

홈페이지 book.co.kr   •   **블로그** blog.naver.com/essaybook   •   **출판문의** book@book.co.kr

---

작가 연락처 문의 ▸ ask.book.co.kr

작가 연락처는 개인정보이므로 북랩에서 알려드릴 수 없습니다.

HOW TO WRITE

유언장

웰다잉과 웰에이징의 시작은
의미 있는 유언장 작성으로부터

건양대학교 웰다잉 융합연구소

어떻게
쓸 것인가

A WILL

죽음을 위한 유언장이 아닌
남은 삶을 사랑하기 위한 유언장을 작성하라!

북랩

서문

초고령화 시대를 눈앞에 둔 우리 사회에서 '좋은 죽음'을 의미하는 웰다잉(well-dying)과 성공적인 노화를 목표로 하는 웰에이징(well-aging)에 대한 관심이 커지고 있다. 삶을 시작하는 것은 사람의 의지로 되는 것이 아니지만 노화와 죽음의 방식은 노력과 선택의 대상인만큼 준비가 필요할 것이다. 특히 평균수명의 지속적인 증가에 따라 우리가 생각하는 삶의 질은 육체적으로 오래 사는 것보다 '정신적으로 잘 사는 것'과 '준비된 노후', '건강한 노화'에 초점이 맞추어지고 있다. 웰다잉과 웰에이징을 위해서는 노년기에 들어서기 전의 중장년 시기는 물론이고 젊은 세대부터 체계적인 준비와 교육이 필요할 것이다.

그렇다면 우리는 왜 죽음에 대해 말해야 하는가? 죽음에 대해 말하는 것은 지난 삶을 정리하고 남은 삶을 충실하게 사는 방법이기 때문이다. 죽음을 거부하거나 터부시하지 않고 적극적으로 수용하는 것은 죽음의 공포를 극복하고 현재의 삶을 사랑하는 방법에 다름 아니기 때문이기도 하다. '웰다잉'은 '죽음은 무엇이고 죽음을 어떻

유언장 어떻게 쓸 것인가

게 수용할 것인가?'에 대한 질문에서 출발한다. 모든 사람은 인간으로서의 존엄성을 잃지 않은 채 죽음의 방식을 스스로 결정하며 아름다운 마무리를 하기 원할 것이다.

웰다잉의 또 다른 의미는 죽음이 나에게도 올 것이라는 사실을 깨닫는 것이다. 우리는 언제 죽음을 맞이하더라도 남은 사람들에게 부담을 주지 않는 아름다운 죽음을 맞고 싶어 한다. 그것은 후회스럽고 비통한 죽음이나 준비되지 않은 죽음이 아니라, 스스로 삶을 마무리하고 죽음의 방식을 직접 결정하는 죽음이다. 따라서 죽음에 대해 생전에 미리 생각하고 준비하는 것이 남은 삶을 더 잘 사는 방법이 될 것이다. 최근에 노년층을 중심으로 주목받고 있는 '사전연명의료의향서'의 작성 역시 자신이 원하는 방식으로 편안한 죽음을 맞으려는 바람에서 시작되었다.

죽음 준비 교육에서 필수적으로 제안되는 프로그램 중 하나는 유언장의 작성이다. 유언장은 죽음을 앞두고 작성하기보다는 건강할 때 미리 써두면 자신의 삶을 돌아볼 수 있는 기회를 제공해주고,

현재의 삶을 더욱 사랑하게 해줄 뿐 아니라 죽음을 목전에 두었을 때 그것에 당당히 대면할 용기를 줄 것이다. 우리는 『유언장 어떻게 쓸 것인가』를 통해 '유언'의 근본적인 의미를 묻고 죽음을 어떻게 준비할 것인가에 대한 답을 찾아보려 한다. 참다운 웰다잉과 웰에이징의 가치는 육체와 정신의 건강이 조화로운 삶, 그리고 현재의 삶을 사랑하며 남은 생을 준비하는 삶의 태도를 갖추는 데 있다. 우리는 그 출발점으로 유언장 작성을 제안하는 바이다. 유언장은 가족과 지인에게 남기고 싶은 말의 기록이다. 유언장에는 지나온 자신의 삶에 대한 기록은 물론 용서와 화해의 말, 당부의 말, 재산의 분배 등의 내용이 담길 것이다.

이 책은 단순히 법적 효력이 있는 유언장 작성 지침서가 아니다. 행복한 죽음을 준비하고 남은 삶을 사랑하는 방법으로서, 죽음 준비 교육의 일환으로서, 웰에이징을 위한 준비로서 유언장의 의미를 묻고 유언장 작성을 실천하려는 목적에서 만들어진 책이다. 『유언장 어떻게 쓸 것인가』는 웰다잉과 웰에이징 연구를 위해 지난 2015년

에 설립된 건양대학교 웰다잉 융합연구소의 연구 결과물이기도 하
다. 연구소는 건강한 노화와 죽음에 대한 사회적 논의 확산에 힘입
어 웰다잉과 웰에이징 연구를 시작하였으며, 인문학과 보건의료적
시각이 융합된 죽음 교육 프로그램을 개발하여 한국인의 삶의 질 향
상을 목표로 활동해왔다. 이 책이 죽음 준비 교육과 웰에이징에 대
한 사회적 논의 확산에 작은 보탬이 되기를 바라마지 않는다.

2023년 6월

건양대학교 웰다잉 융합연구소 저자 일동

웰에이징과 유언장

제1장

100세 시대의 웰에이징

How to Write

A WILL

1. 달라진 장수사회

(1) 장수사회의 의의

　　유엔은 고령인구, 즉 노인의 기준을 65세로 정하고 있다. 1889년 독일의 재상 비스마르크가 사회보험제도를 도입할 때 노령연금 수령 나이를 65세로 정한 바 있고, 유엔이 이 기준을 받아들여 노인의 기준 나이가 65세로 정해졌다. 당시 독일인의 평균수명으로 볼 때 65세에 연금을 받는 사람은 장수한 사람이었을 것으로 예상된다. 따라서 장수사회란 나이로만 볼 때는 65세 이상의 인구가 점점 더 증가하는 사회적 현상이라고 보아야 할 것이다. 어쨌든지 노인을 표상하는 기준 나이가 65세로 정해진 지 130년이 지났다. 그럼에도 불구하고, 그것이 계속 유지되고 있는 이유는 사람을 노인으로 규정하는 기준 나이를 변경하는 것이 국가 복지시스템에 대한 재정비나 정치와 민감하게 관련되어 있기 때문으로 해석된다. 한국의 경우, 국민연금공단의 국민연금연구원은 최근 한국의 50세 이상 중고령자를 대상으로 한 설문조사에서 스스로 '노인'이라고 생각하는 나이가 69.4세라는 조사 결과를 발표했다. 이것은 10년 전 조사인 67.6세보다 2년 정도 더 늦춰진 수치이다. 이와 같은 인식의 전환 추세에도 불구하고 노인 기준 연령이 변경되지 못하는 이유는 그것이 얼마나 복잡한 정치적 문제인지를 알 수 있다.

유엔은 한 국가의 총인구에서 고령인구가 차지하는 비율이 7% 이상인 경우 '고령화사회', 14% 이상인 사회는 '고령사회', 20% 이상인 사회를 '초고령사회'로 분류하고 있다. 우리나라는 2018년에 고령사회로 진입했다. 통계청 조사에 따르면, 2022년 6월을 기준으로 우리나라 총인구 중 17.6%가 65세 이상의 고령자인 것으로 나타났다. 더욱 심각한 것은 노인인구의 비율이 2040년에는 33.9%, 2060년에는 43.9%가 될 것이라는 예측이 나오고 있다는 점이다. 이와 같은 추세로 볼 때 2025년에는 초고령사회로 진입할 것으로 예상된다. 사회복지제도가 우리나라보다 더 잘 발달된 유럽이나 미국, 캐나다의 경우에는 고령사회에서 초고령사회로 진입하는 데 20년에서 30년의 기간이 소요되었다는 점을 감안할 때 우리나라의 고령화 속도는 너무 빠르다는 평가이다. 이와 같은 현상은 중요한 개인적·사회적 문제로 받아들여지고 있다. 전국적으로 보면 이미 초고령사회로 진입한 시군구도 꽤 많다. 2020년 기준 전국 261개 시군구 중 초고령사회로 진입한 곳은 41.8%인 109개이다. 경북 의성군 같은 경우 65세 이상 인구가 전체 인구의 40.8%를 차지하고 있고, 전남 고흥은 40.5%를 차지해 두 번째로 높다. 경북 군위(39.7%), 경남 합천(38.9%), 전남 보성(37.9%), 경남 남해(37.3%), 경북 청도(37.1%), 경북 영덕(37.0%) 등이 그 뒤를 잇고 있다.

우리 사회가 장수사회로 이동하고 있지만 생산연령 인구의 감소로 사회가 활력을 잃어가고 있다. 장수사회가 오래 살기를 원하는 인간의 꿈이 실현되고 있는 것이라면, 스펙트럼의 반대편 부분에서 나타나는 출산율의 절대 감소, 생산연령 인구의 감소 현상은 사회적 위기와 맞닿아 있다. 이에 따라 인간의 장수를 소득증대와 의료기술의 발달이 가져온 축복으로 볼 것인지, 사회가 점점 위축되고 쇠퇴해가는 재앙으로 볼 것인지에 대한 의견도 분분하다.

장수(長壽), 즉 오래도록 생을 유지하는 것은 인간에게는 가장 큰 소망 중 하나이다. 사람이 태어나는 순서는 있어도 죽는 순서는 없다고 하지 않는가? 그래서 사람의 일상생활에도 장수를 기원하는 많은 의식과 상징들이 있다. 우리가 매일 대하는 밥그릇, 수저, 젓가락 등 음식을 먹는 데 필요한 도구는 물론이고 베개, 병풍, 부채, 옷, 벽화, 액자 등 우리 생활과 밀접한 관계가 있는 물건에는 여지없이 수복강녕(壽福康寧)을 수놓거나 글씨로 쓰기도 한다. 무엇보다 일상생활에서 전통적으로 장수(長壽)를 가장 우선시한 것을 목격할 수 있다. 특히 천지만물 가운데 십장생은 동양에서 아주 옛날부터 장수의 상징이다. 십장생이란 이 세상에서 가장 오래 사는 10가지 사물로 해, 산, 물, 돌, 구름(또는 달), 소나무, 불로초, 거북, 학, 사슴 또는 대나무를 말한다. 민속신앙에서 유래된 십장생이 인간의 수명 연장 욕구와 조합되면서 자연숭배 사상으로 발달한 것은 당연한 일이다. 예를 들어, 동양에서 그림을 그리는 화가가 친한 친구에게 소나무를 그려서 선물했다면 그것은 틀림없이 상대방의 장수를 기원한다는 뜻이다. 이처럼 장수에 대한 인간의 오랜 염원이 현대에 와서 충분한 영양의 공급이나 의료기술의 발달 등의 혜택으로 실현되고 있는 셈이다.

한국인의 평균수명은 짧은 기간 동안에 획기적으로 늘어난 측면이 있다. 2021년 통계청 조사에 따르면, 한국인의 평균수명은

유언장 어떻게 쓸 것인가

1960년 52.4세에서 1970년에 62.3세를 지나 1980년에는 66.1세까지 늘어났다. 그리고 1990년에 71.7세로 70세를 넘었으며, 2000년에 76세, 2010년에 80.2세, 그리고 2020년 83.5세를 기록했다. 1960년 이후 60년 동안 평균수명이 무려 31세 이상 늘어났다. 이것은 세계적으로도 놀라운 기록이며, 오늘날 한국인의 평균수명을 선진국과 비교해 보더라도 높은 편에 속한다. 2020년 기준 OECD(경제협력개발기구) 38개국 가운데 한국인의 기대수명은 83.5세이다. 전 세계적으로 볼 때 일본인의 평균수명 84.7세에 이은 두 번째를 기록하고 있다. 기대수명은 그해 태어난 아이가 생존할 것으로 기대되는 평균 연수를 뜻한다. 성별로는 남성은 80.5세, 여성은 86.5세로 각각 예측됐다.

인간의 생명은 누구에게나 유한하다는 점에서 평등하다. 그러나 오늘날 고령 장수사회에서 관건은 유한한 삶을 얼마나 건강하고 풍요롭게 사느냐에 달려 있다고 보아야 할 것이다. 즉, 장수의 문제는 삶의 질에 대한 문제이다. 우리나라에서 질적으로 훌륭한 삶의 본보기로 여겨지는 분인 올해 104세의 연세대학교 철학과 김형석 명예교수의 주장은 질적으로 좋은 삶의 방식에 대한 시사점을 던져준다. 그의 개인적 생각으로 오래 건강하게 살게 된 이유는 우선, 매사에 절제하며 욕심을 내지 않는 것이다. 이것저것 과도한 욕심을 내게 되면 인생을 낭비하니까 오래 못 사는 것 같다는 것이 그의 생각이다. 또한, 남을 욕하지 않는다는 것이다. 이것은 평소 감정조절을 잘해서 어지간해서는 화를 잘 내지 않는다는 것을 뜻하는 것이리라. 아마도, 선하고 아름다운 인간관계를 유지하는 것이 건강과 장수의 비결인 셈이라고 할 수 있다. 그리고 많이 움직이고 활동하는 것이다. 매일 일기를 쓰고 방송도 하고 강의도 하니까 두뇌가 건강하게 유지되고 있는 것 같다고 말한다(시사저널, 2023. 1. 7.).

한 개인의 인생은 크게 3단계로 나누어볼 수 있다. 1단계는 태어나서 20대 후반이나 30대 초반까지 교육받는 기간이고, 2단계는 그 이후부터 60대까지 직장인으로 일하는 단계이다. 그리고 3단계는 60대부터 80세 이후까지 봉사 등 활동을 통해 자아실현을 하며 인생을 정리하는 단계라고 할 수 있다. 장수사회를 살아가야 하는 현대인들은 누구든지 나이가 들기 전에 세 번째 단계인 60대부터 80세 이후의 인생을 어떻게 살아갈지를 미리미리 설계하고 준비해야 한다. 그래야만 장수시대에 실패하지 않는 인생 3막을 살 수 있을 것이다. 미리 설계하지 못하거나 대비하지 못하여 돈이나 건강을 잃고 질병에 시달리거나 오래 살지도 못하는 경우도 흔한 일이기 때문이다. 미리 대비하지 않으면 장수는 축복이 아니라 저주의 늪이 될 수 있다.

(2) 장수사회의 명암

오늘날 전 지구적으로 중진국 이상의 국가들을 장수사회로 규정하는 데는 이의가 없는 듯하다. 하지만 갈수록 그 숫자가 증가하는 노인들이 복지에 대하여 만족하고, 그 외 인구집단도 그로부터 고통을 받지 않는 건강한 사회적 상태가 지속되기 위해서는 사회제도가 뒷받침되지 않으면 안 될 것이다. 한 사회 안에서 노인들을 위한 사회제도가 완벽하게 가동되도록 다른 계층이나 집단의 구성원들이 이타주의를 온전히 유지한다면 그것보다 좋은 일은 없을 것이다. 하지만 많은 경제학자나 정책입안자들이 보는 관점은 비관적이다. 즉, 정부의 지원이 지속적으로 증가하는 노인 복지 수요에 부응할 수 있을지에 대하여 회의적이다. 앞으로 노인인구가 증가하는 것과 비례하여 불평등한 대우가 일반화될 것이며, 이에 따라 도움이 절실한 인구집단의 불안과 불평이 폭발할 가능성도 점쳐지고 있다.

이에 대하여 미국의 조지메이슨대학교 타일러 코웬(Tyler Cowen) 경제학 교수는, 미국의 장수사회에 대하여 지금으로부터 10년 후에 미국은 의료비 상승 및 인구의 고령화 때문에 국가재정에서 급진적 변화가 일어날 수밖에 없을 것이라고 진단한다. 그는 고령화사회 때문에 나타날 사회적 현상에 대한 예측을 다음과 같이 하고 있다. 첫째, 세금은 어느 정도 올라갈 것이며 특히 고소득자의 인상 폭이 높을 것이다. 둘째, 보장 대상의 자격요건을 강화하고 의사에 대한 환급률을 낮추어 저소득층 의료보장제도의 지출을 축소할 것이다. 셋째, 다양한 비용의 부담이 고용관계라는 명목하에 근로자들에게 전가됨에 따라 실질임금에서 재정 부족이 드러날 것이다. 넷째, 임대료에서 재정 부족이 나타날 것이다. 다시 말해, 많은 숫자의 노인들이 자산의 축소로 가격이 싼 집으로 이사하여 살기 시작하면서 생활비가 일부 줄어들 것이다. 이것은 세금의 감소로 이어진다. 다섯째, 쓸모없는 물건을 덜 구매하고 낭비를 줄여서 늘어나는 빚을 갚을 것이다. 노인들의 소비행태가 근검절약 행태로 바뀔 것이다.

일반적으로 국가 경제수준이 높아질수록 노인들에 대한 복지수

준도 높아진다. 그렇다 보니 그들 나라에서는 "노인들은 바라는 것을 얻는다"라는 말이 생겨날 정도이다. 이것은 노인들은 그들이 한 번 얻기 시작한 것은 절대로 놓지 않으려고 할 것이며, 미래에 바라는 것을 얻기 위해 선거권을 이용하여 정부에 대하여 더 강한 압력을 가할 가능성도 크다는 것을 뜻한다. 노인인구가 점점 증가함에 따라 그들은 자연히 정치 세력화하고 정부에 대한 입김이 갈수록 세질 것임은 누구나 다 예상하는 바이다. 미국의 경우를 보면, 사회보장제도와 노인 복지에 대해 대대적인 예산 삭감을 요구하는 정치인들이 거의 없다. 노인의 복지예산을 줄이는 것보다 저소득층의 복지예산을 줄이기가 오히려 쉽다. 때문에 대부분의 정치인들은 그들의 정치적 생명을 위하여 그 방법을 선택한다. 빈곤층은 평소 생계유지에 바쁘기 때문에 정치에 대한 관심도나 참여도가 떨어지는 것이 미국 사회의 현실이다. 이것은 자본주의 어느 나라에서도 공통적인 현상 아닌가? 그래도 자본주의 사회에서 노인계층은 주로 보수정당을 지지한다. 사람이 나이가 들어 늙으면 정치적 성향이나 신념이 대개는 보수적이 된다. 그 이유는 나이가 들면 변화를 반대하는 경향이 강해지고, 그에 따라 전통을 유지하려는 경향이 강해지기 때문이다. 역사적으로 보더라도 혁명의 대열에 서는 사람들은 성질이 급한 젊은이들이지 노련하고 현명한 노인들이 아니었다는 점은 이 사실을 뒷받침해준다. 프랑스혁명을 이끈 주요 인구집단도 20대들이었고, 우리나라에서도 4·19혁명을 이끈 세력은 고등학생들이었으며, 5·18 광주시민혁명을 이끈 세력들은 주로 대학생이나 청장년들이었다.

앞에서 살펴보았듯이 한국인의 수명 개선을 양적 지표로 보면

유언장 어떻게 쓸 것인가

괄목할 만하지만, 내용을 뜯어보면 명암이 엇갈린다. 2020년 기준으로 질병이나 부상으로 고통받은 기간인 유병기간을 제외한 '건강수명'은 66.3년으로 줄어든다. 건강수명이란 질병이나 부상으로 활동하지 못하는 기간을 뺀 수명기간으로, '얼마나 건강하게 오래 사는가'에 초점을 맞추고 산출한 지표이다. 한국인은 평균 기대수명 83.5세에서 건강수명 66.3세를 뺀 17.2년을 병든 채로 살아가야 한다는 것을 의미한다. 물론 이 통계는 평균이 그렇다는 뜻이다. 병을 앓는 기간이 길다 보니 약물 복용자와 복용률도 매우 높다.

고령 장수사회에 더 비관적인 지표는 노인의 자살률과 빈곤율이다. 2017년 기준으로 우리나라 자살률은 인구 10만 명당 23명으로 OECD 회원국 중 가장 높고, OECD 평균 11.2명보다도 2.1배나 높다. 자살률은 연령대가 높을수록 증가하고 있는데 80세 이상의 인구집단에서 가장 높게 나타났다. 오래 산다는 것이 반드시 축복이 아니라는 것을 방증한다. 고령자의 자살률이 높은 이유는 여러 가지 요인이 있겠지만 우리나라 노인이 겪고 있는 4고(四苦), 즉 빈곤, 질병, 소외감, 무위(無爲) 등의 영향이 큰 것으로 분석된다. 노인들이 겪는 4고는 각 요인이 긴밀하게 연결되어 있다. 가난하면 병에 걸릴 가능성이 높고, 아프면 소외감을 느끼거나 사회에서 더 이상 자신을 필요로 하지 않는다는 생각을 갖게 될 가능성도 높다. 사람이란 누구든 나름대로의 자존감과 사회적 존재감을 갖고 살아가기 마련이다. 고령의 노인이 되어 아픈 것도 서러운데 하는 일 없이 그저 밥이나 축낸다는 생각이 들면 극단적인 생각을 할 가능성이 크다는 것이 전문가들의 분석이다. 물론, 이 점은 노인뿐만 아니라 젊은이들에게도 마찬가지로 적용되는 사회적 현상이기는 하다.

더욱 중요한 문제는 우리나라 노인 빈곤율은 2018년 기준 43.4%로 OECD 국가 중 가장 높다는 점이다. 이는 OECD 평균인 13.1%의 3배가 훨씬 넘는 수준이다. 미국의 23.1%, 일본의 19.6%, 영국의 14.9%, 독일의 10.2%, 프랑스 4.1%와도 비교해도 압도적으로 높은 수치이다. 이러한 현상들은 개인적으로나 사회적으로 철저한 대비 없이 맞이한 고령 장수사회의 어두운 그림자가 아닐 수 없다. 노인의 빈곤은 질병과 소외감 등 노인의 4고를 연결시켜 자살로 이르게 하는 근본적인 원인이다. 따라서 노인의 빈곤을 개선하지 않으면 고령 장수사회는 축복이 아니라 오히려 저주의 늪이 될 가능성이 크다.

'개똥밭에 굴러도 이승이 좋다'라는 속담이 있다. 누가 보아도 이것은 장수를 갈구하는 인간의 바닥을 드러내는 원색적인 표현이다. 아무리 병이 들어 고통스럽게 살더라도 죽는 것보다는 사는 것이 더 낫다는 것이다. 또한 '인명(人命)은 재천(在天)'이라는 말도 있다. 사람의 목숨은 자기 마음대로 되지 않고 하늘의 뜻에 달려 있다는 말이다. 젊은 사람이 요절하면 장례식장에서 흔히 듣는 말이, '인명은 재천이라더니 참 사람 목숨은 알 수 없구나!'라는 말이다. 사람이 아무리 살려고 발버둥을 쳐도 하늘의 뜻은 알 수 없다.

성경에 보면 이런 이야기가 나온다. 한 마을의 어떤 부자가 가을에 추수를 마치니 곡식 한 섬이 부족하여 1천 섬을 채우지 못했다. 그는 어떻게 하면 소작인들로부터 한 섬을 더 뜯어내서 1천 섬을 채울까를 고민하고 있었다. 하늘에서 이것을 내려다보고 있던 하느님이 '오늘 밤에라도 그의 숨을 거두어갈 수 있다'라고 했고, 실제로 다음 날 아침에 그 부자가 죽어 있더라는 이야기가 있다. 물론, 죽으려고 애를 써도 죽지 못하고 사는 사람도 있을 것이다. 그래서 인간이 살고 죽는 것을 하늘의 뜻으로 돌리는 경향이 크다. 현대 의학의 발달로 사람들이 죽고 사는 것을 하늘의 뜻으로 생각하는 경향이 줄어들고는 있지만, 우리나라에서 가장 뛰어나다는 서울대학교병원에서도 살려내지 못하는 환자들은 부지기수다. 하지만 평소 건강하게 살려는 실천적인 노력과 경제적 준비에 따라 건강한 수명 연장의 확률은 높아진다. 과연 인명은 재천인가? 아니면, 경제력과 의료의 힘인가?

(3) 지속적 장수사회의 조건

사람은 누구나 생각하는 존재이다. 따라서 60세 이전부터 그동안의 인생 경험을 바탕으로 자신만의 장수 인생을 살기 위한 인생 설계를 할 것이 요구된다. 은퇴 후 대개 30년 전후를 더 살아야 하기 때문이다. 그러니 직장생활을 하던 때와는 다른, 새로운 경기 규칙을 만들어야 하는 것은 당연한 일이다. 식습관, 소비행태 및 인간관계 방식 등 많은 것을 새롭게 바꿔야 한다. 여기에 정부의 계몽도 적극적으로 뒷받침되어야 효과가 높아질 것이다. 내 의지와 관계없이 수십 년 동안 종사하던 직장에서도 밀려나기 때문에 뭔가 계속 일을 하고 싶다면 준비가 되어 있어야 한다. 미리미리 자격증을 딴다든지, 하던 일의 경험을 살려 적은 수입을 얻고라도 그 일을 계속할 수 있는 기회를 찾아내야 한다. 이를 위해서는 개인의 노력이 우선되어야 하지만 정부는 노인들이 자신의 역량이나 재능을 살려 창직(創職)하거나 재취업을 할 수 있도록 제도적 뒷받침을 해야 한다.

많은 사람들이 만족스러운 장수를 위해서는 많은 돈을 가지고 있어야 한다고 생각한다. 그러나 이것은 맹목적 신념에 빠져 있는 경우가 아닐까? 돈이 중요하긴 하지만 건강하고 만족스러운 장수의 유일한 조건은 아니라는 것이 많은 전문가들의 의견이다. 그 이유는 사람은 각자 행복한 생활에 대한 기준을 다르게 갖고 있기 때문이다. 모든 것을 내려놓고 자발적 빈곤을 선택하는 사람들도 얼마든지 있다. 정부는 이와 같은 경우에 대한 세제 혜택도 제공해야 할 것이다. 장수사회가 되기 위해서는 개인과 정부의 노력이 조화를 이루어야 한다는 것을 알 수 있다.

① 지속적 장수를 위한 개인의 노력

• **경제적 준비**

1990년 이후 일본에서는 '노후난민' 문제가 크게 부각되었다. 은퇴 후 길어지는 수명에 따라 자산이 생각보다 일찍 고갈됨으로써 기본생활조차 충족할 여건이 안 되는 노인들이 증가하고 있기 때문이다. 노후난민(老後亂民)이란, 기본적인 의식주를 해결하기도 어려워 사회적으로 고립되어 곤란한 생활을 하는 생활상태를 말한다. 그런데 우리나라에서도 갈수록 노후난민이 증가하여 사회적 문제로 떠오르고 있다. 도시에는 추운 겨울이나 뜨거운 여름을 막론하고 종이

박스와 같은 폐휴지를 모으러 다니는 노인들과 무료 급식소에서 끼니를 해결하려는 노인들이 갈수록 증가하고 있다. 은퇴 후에도 건강이 허락하는 한 일할 수 있는 양질의 일자리가 있다면 이러한 은퇴난민은 줄어들 수 있을 것이다. 하지만 노인들에게 그와 같은 일자리는 여간해서 잘 주어지지 않는다. 미국의 뉴욕타임스(NYT)는 한국의 65세 노인 중 40%가 은퇴를 하지 못하고 여전히 고된 노동을 하고 있다는 비판적 뉴스를 보도했다(조선일보, 2013. 1. 8.). 이것은 홍콩의 10%, 일본의 25%, 미국의 18%와 비교하여 매우 높은 수치라는 것이다. 이 보도는 아마도 노인들이 생존을 위해 비자발적으로 폐휴지 줍기와 같은 고된 노동을 하고 있다는 것을 비판하고 있는 것으로 볼 수 있다. 노인 일자리를 만드는 주체는 정부, 기업, 개인이다. 정부는 공공의 일자리 창출을 통해 노인들이 노후난민이 되는 것을 억제할 수 있을 것이다. 기업의 노인 채용 문제는 전적으로 기업의 자율에 맡겨야 할 문제이긴 하지만 생산연령 인구가 급속도로 감소하고 있는 지금이 노인 인력의 활용을 긍정적으로 검토할 때다. 결국, 노후난민이 되는 것을 피하고 경제적 고립을 면하기 위한 대책의 책임은 개인에게로 돌아갈 수밖에 없다. 은퇴 후를 고려한 생애 재무 계획에 대한 교육이 일찍부터 활성화되어야 하는 이유이다.

• 개별적 창직(創職)

은퇴 후 자산이 빈약한 노인들의 경제적 빈곤을 해결해 줄 수 있는 기본적인 방안은 직업을 갖도록 하는 것이다. 노인들 대부분도 건강이 허락하는 한 일자리를 갖기를 원한다. 그 주된 이유는 일하고 싶기도 하고, 무엇보다 생계를 위한 돈이 필요하기 때문이다. 하지만 우리나라에서는 노인들에게 돌아갈 변변한 일자리가 없는 실정이다. 65세 이상의 노인들은 건강한 경우 판매원으로 일하거나, 빌딩이나 아파트와 같은 건물의 경비에 종사하거나 막노동판에 나가는 경우가 많다. 그 외에는 대부분이 정부나 지방자치단체가 제공하는 일시적인 공공근로에 의존하고 있다. 은퇴 후에 바람직한 삶을 살기 위한 전제 조건은 자기 스스로 주도적이 되는 것이다. 하지만 대부분의 사람들이 오랜 직장생활에서 순응하는 태도가 몸에 배어 있어 은퇴 후에 갑자기 주도적이 되기가 어렵다는 것이 심리학자나 사회학자들의 분석이다. 은퇴한 노인들이 주도적인 삶을 살기 위한 방법 중 하나가 자신의 사업을 일구는 창업이나 새로운 일을 만들어 수행하는 창직(創職)이다. 창직의 성공률이 낮다고는 하지만 준비과정의 여하에 따라 성공 확률을 높일 수 있다. 따라서 미리 준비하는 지혜를 갖추어야 한다. 남이 권한다고 해서 덥석 해서도 안 될 일이고, 돈이 된다고 소문난 아이템에 접근했다가 낭패를 볼 수도 있다. 때문에 수년 동안에 걸친 사전 시장조사와 같은 꼼꼼한 준비 작업이 선행되어야 창업이나 창직의 실패를 줄일 수 있다.

• 좋은 인간관계

노인 문제 전문가 중에는 노후에 돈이 없는 것보다 더 위험한 것이 외로움이라고 진단한다. 노인에게 외로움이 위험한 이유는 그것이 각종 질병을 유발하여 건강을 악화시키는 원인이 되는 것은 물론이고, 노인들을 자살로 이르게 만드는 경우가 많기 때문이다. 은퇴 후 노후생활에서 누구와 만나서 대화를 나누고 위로를 받을 수 있느냐는 생활 만족도에 중요한 영향을 미친다. 자신을 인정해주고 함께 지내며 서로 위로해 줄 수 있는 사람들과 어울리는 것은 은퇴 후의 삶을 풍요롭게 만드는 원동력이 된다는 점에 있어서 좋은 인간관계를 형성하는 것은 질 높은 노후의 삶에 매우 중요하다. 많은 전문가들이 자식들에게 의존하기보다는 좋은 친구를 사귀라고 조언하는 이유가 여기에 있다.

사람들이 퇴직 후 고립됨으로써 얻게 되는 고독감은 관계 형성을 제대로 하지 못하여 갖게 되는 정서적 고독감과 집단과의 연결망이 차단되어 느끼는 사회적 고독감이 있다. 고독감을 최소화할 수 있는 방안 중의 첫 번째는 배우자와 좋은 관계를 만드는 것으로 알려져 있다. 우리나라의 경우 전통적으로 남편은 주로 바깥일을 하는 사람으로 인식되는 경향이 있어 은퇴 후 좋은 부부관계를 유지하는 데 어려움을 겪는 경우가 많다. 이것은 각종 소설이나 드라마에서 흔히 등장하는 이야기의 소재가 되기도 한다. 우리나라가 한참 경제성장을 하던 시기에 산업현장에서 주도적 역할을 한 인구계층이 이제는 은퇴하거나 은퇴기에 접어들고 있다. 이들은 그동안 주로 바깥일을 하느라 가정을 돌보지 못한 산업 전사들이다. 이들은 은퇴를 하게 되면 가정으로 돌아가 아내와 좋은 부부관계를 맺으며 살아갈 기대를 하고 있었다. 그러나 아내들이 그동안 계속 밖으로만 돌던 남편에게 잘 적응하지 못하고, 그 결과 남편들이 좌절한다는 것이다. 이런 현상은 일본에서 먼저 황혼이혼의 붐을 일으키는 배경이 되었다. 이것은 분명히 사회가 건강하지 못한 것을 반증하는 것으로 일종의 사회병리 현상이다.

• 건강 지키기

장수사회란 나이로만 오래 사는 것이 아니라 질적으로 오래 사는 것을 전제로 한다. 질적으로 오래 사는 것의 첫 번째 조건은 건강이다. 건강하게 오래 살아야 장수한다고 할 수 있다. 은퇴 후 건강을 지키기 위한 주요 내용을 보면, 첫 번째, 규칙적인 운동을 하는 것이다. 많은 연구들이 6개월간 평균 52시간(일주일에 평균 2시간) 정도를 종류와 상관없이 운동해도 노인의 인지력 저하를 막을 수 있다고 한다. 노인에게는 근감소증과 골다공증이 급격히 진행되기에 운동은 필수적이라고 할 수 있다. 특히 노인들은 근골격계와 심혈관계가 좋지 않을 수 있기 때문에 고강도 운동은 피하고 자신의 체력에 맞는 운동을 해야 한다. 저강도 운동을 꾸준히 하는 것이 좋다고 한다. 예를 들면 조깅과 계단 오르기, 걷기와 같은 활동이 도움이 될 것이다. 두 번째, 소식(小食)을 실천하는 것이다. 40대 이후 사람들의 사망원인 1위는 암이다. 암은 주로 과하거나 부적절한 식사 때문에 생기는 것으로 알려져 있다. 과한 열량을 섭취하거나, 특정 영양소만 섭취하는 것은 좋지 않다. 예로부터 장수하는 사람들은 소식을 하거나 균형 잡힌 식사를 즐겨 했다. 음식을 먹을 때는 천천히 먹는 것도 중요하다. 세 번째, 정신건강을 위하여 사회적·사교적 활동에 참여하는 것이다. 친구들이나 가족들과의 교류, 종교적 또는 사교적인 모임 등 각종 사교활동을 왕성하게 하게 되면 육체적 활동량이 증가하게 되고, 많은 대화는 뇌를 활성화시켜 노화를 늦추기도 한다.

유언장 어떻게 쓸 것인가

② 지속적 장수를 위한 정부의 노력

한국은행은 최근 발간한 '조사통계월보: 인구구조 변화의 재정지출 성장 효과에 대한 영향 분석' 보고서를 펴냈다(서울신문, 2023. 1. 2). 이 보고서에 따르면, 2년 뒤인 2025년이면 우리나라는 고령인구 비중이 20%를 넘어서는 초고령사회에 진입한다. 2018년 고령사회(고령인구 비중 14% 이상)에 진입한 이후 불과 7년 만이다. 특히 2023년에는 1차 베이비붐 세대를 상징하는 '1958년생 개띠' 인구가 65세가 되면서 대거 노인층에 합류한다. 이미 산업현장 곳곳에서는 인력난이 발생하고 있고, 고령 인력이 늘면서 기업들은 인건비 부담을 호소하고 있다. 이에 더해 노동생산성이 떨어지고 고령층은 미래에 대한 대비로 소비를 줄이는 경향이 커서 향후 경제성장의 활력을 떨어트릴 수 있다는 우려도 크다. 실제로 65세 이상 고령층 인구 비중이 1% 포인트 늘어날 때마다 재정지출에 따른 경제성장 효과가 약 6% 떨어진다는 분석이다. 고령화 시대에는 복지비 증가 등으로 더욱 큰 재정지출이 요구되는 만큼, 정부는 선제적으로 재정 여력을 확보해야 한다. 하지만, 2025년 초고령사회로의 진입을 앞둔 가운데 고령화가 심화될수록 정부가 재정지출을 늘린다고 해도 과거와 같은 성장 효과를 기대하긴 어렵다.

인구의 고령화는 사회적으로 노동 공급 감소, 고용의 질 악화, 소비 성향 둔화 등을 통해 재정정책의 성장 효과를 약화한다. 원래 정부가 재정지출을 확대하면 총수요를 증대시켜 국내 생산을 늘리거나 정부투자 등을 통해 고용을 새롭게 유발하는 효과를 기대할 수 있다. 하지만, 고령화로 인해 노동의 공급이 감소하면 재정지출 효과는 반감된다. 우리나라의 경우에는 노인계층의 빈곤 문제로 고령층의 노동 공급은 최근 들어 지속적인 상승 추세에 있지만 고령층 노동력의 51.5%는 서비스·판매직 등과 같은 단순 일자리 업종에 종사하고 있어 이들의 평균소득은 상대적으로 낮다. 특히, 갈수록 고령화에 따른 미래 소득의 불안감 등으로 50대 이상 가구를 중심으로 소비 성향이 가파르게 둔화하고 있는 것을 볼 수 있다. 우리나라 평균 소비 성향은 2012년 63.0%에서 2022년도에는 55.4%로 크게 하락했는데, 이 지표는 50대에서 61.4%에서 53.9%로, 60대 이상에서 63.6%에서 53.2%로 소비를 크게 줄인 것과 직접 관련이 있다. 특히 코로나19 이후 소득기반이 약한 고령층의 소비 성향이 뚜렷하게 감소하고 있는 추세이다.

정부는 미국이나 유럽에서 추진되고 있는 실버노동시장 구축의 사례를 유심히 관찰할 필요가 있다. 이들 나라에서는 연령대가 다양한 집단일수록 더 창의적으로 변화한다는 연구 결과에 따라 실버 세대들이 청장년들과 함께 일하도록 함으로써 노인들의 일자리를 늘리고 또 건강한 삶을 제공하기 위한 다양한 노력을 기울이고 있다.

2. 웰에이징의 의미

(1) 웰에이징의 필요성

현재 한국인의 기대수명은 2010년을 전후로 80세까지 높아지면서 선진국 수준에 도달한 상태이다. 우리나라는 현재 일본, 스위스 등에 이어 기대수명이 긴 나라에 속하고 있다. 우리나라의 기대수명은 선진국 수준으로 점차 증가하고 있으나, 현재 주관적으로 인식하는 건강상태는 경제협력개발기구 국가 중 최하위 수준으로 나타났다. 주관적 건강상태란 스스로 건강상태가 좋다고 생각하는 정도를 의미하는 것으로, 최근 의학적 진단 여부와 별개로 개인이 느끼는 신체적, 정신적 상태도 개인의 건강상태를 보여주는 중요한 기준으로 제시되고 있다. 우리나라의 소득수준 향상과 의료기술의 발달로 기대수명은 지속적으로 증가할 것으로 보인다. 이러한 현 상황에서 개인의 건강상태에 대한 인식은 매우 중요하다. 초고령사회를 앞둔 현재 노인들의 건강기대 수명은 단순히 오래 사는 것이 아닌 건강하게 오래 사는 것에 관심이 증가하고 있으며, 최근 노인들의 건강상태에 대한 관심이 증가하고 있다.

세계보건기구(WHO)에 따르면 건강이란 신체적, 정신적, 사회적 건강이 서로 조화를 이루며 존재하는 것으로 정의된다. 이는 건강이란 단순히 질병이 없는 상태가 아닌, 보다 더 광범위한 차원에서의 전반적인 안녕상태를 의미하는 것이다. 기대수명의 증가와 함께 건강한 인생을 살기 위한 웰빙(well-being)이라는 단어가 생겨나기 시작했다. 이는 건강의 'well'과 삶의 'being'의 합성어로 사전적 의미로는 행복과 안녕, 복지, 복리를 말하며 건강한 인생을 살아가자는 의미로 해석된다. 우리나라는 점차적으로 경제성장과 함께 삶에 있어 양적인 면보나 질적인 면을 중시하게 되었고, 최근에는 일과 생활의 균형을 뜻하는 워라밸(Work & Life Balance)이라는 단어가 등장하면서 일과 가정, 여가, 건강, 자기계발, 사회활동 등의 삶을 조화롭게 하여 행복한 인생을 영위하는 것을 중요시하고 있다. 이처럼 삶의 질에 대한 인식의 변화가 지속되고 있으며, 이는 점차 더 건강하고 쾌적한 삶을 추구하는 방향으로 나아갈 것이다.

이와 함께 사람들은 웰빙, 힐링, 노화 예방 등에 관심을 끌게 되고 점차 행복한 노년을 고민하게 되었다. 그러면서 건강하고 현명하게 늙기 위한 웰에이징이라는 단어가 주목받게 되었다. 웰에이징이란 노화로 인해 발생할 수 있는 신체적, 정서적인 변화를 능동적으로 수용하고 더 나은 자기 변화의 시간을 만들어 나가는 것으로 정의될 수 있다. 최근 이와 같은 웰에이징 개념에 대한 관심이 증가하고 있으며, 이는 더 이상 노인에게만 국한되는 관심사가 아니며 우리 사회 모든 구성원의 관심사가 되어야 한다. 2011년 시행된 '저출산 고령화에 대한 국민인식조사'에서 만 19세 이상을 대상으로 조사한 결과 약 89%가 자신의 노후를 걱정하고 있다는 결과가 있었으며, 중장년층을 대상으로 조사한 연구에서도 응답자의 52.2%가 노후에 대해 걱정하는 것으로 나타났다. 따라서 앞으로는 노년층만이 아닌 사회 모든 구성원이 지속적으로 질 높은 삶을 기대수명까지 유지하기 위해서는 웰에이징에 대한 관심은 이제 더 이상 선택이 아닌 필수가 되었다.

(2) 웰에이징의 의미

노화를 받아들이는 태도는 다양하다. 하지만 대부분의 사람들은 노화가 진행되는 사실을 부정하려고 한다. 이에 '노화'라고 하면 긍정적인 단어보다는 부정적인 단어들을 떠올리게 된다. '늙음', '나이 드는 것'과 관련된 단어들을 살펴보면 '가치 없는', '고갈된', '골동품', '공경할 만한', '나이가 지긋한', '노련한', '누렇게 변한', '말라죽은', '메마른', '빛바랜', '성숙한', '시대에 뒤떨어진', '시든', '신선하지 않은', '쓸모없는', '약한', '옛날의', '주름진', '참을성 있는', '허약한', '현명한' 등의 단어를 연관시킬 수 있다. 노화와 관련한 이 많은 단어 중에는 긍정적 측면의 단어보다는 대부분 부정적 측면의 단어들이 많다.

기대수명이 80세까지 연장된 현 상황에서 노인들이 노화를 받아들이고 긍정적인 대응 방안을 통해 생활하며 삶의 질을 높이는 것은 매우 중요하다. 이를 위해서는 노화에 대한 부정적인 인식에 대한 변화가 필요하다. '나이가 들어서 못한다'라는 사고에서 벗어나

능동적으로 다양한 활동을 수행하고자 하는 의지가 필요하다. 또한 관계에 있어서 융통성을 발휘하여 연령, 성별을 구별하지 않는 유연한 사고가 필요하다. 이에 젊은 세대들과의 소통도 필요하다. 마지막으로 빠르게 변화하는 문화와 기술에 대해 습득하고자 하는 노력이 필요할 것이다. 최근 노인인구 증가와 함께 노화를 경험하는 노인들의 관심은 '어떻게 하면 노후를 잘 보낼 수 있을까?'이며, 이를 통해서 웰에이징에 대한 관심이 증가하고 있다. 이러한 노인들의 웰에이징에 대한 의미는 매우 다양하게 정의되고 있다.

유박영 원장은 웰에이징을 '인생 노정에 늘어난 쓰임 부분을 가치 있게 쓰고 생을 마감하자'라고 정의하였다. 유원장은 웰에이징의 참뜻은 항노화와 같이 확실한 의미를 전달하는 일반적인 단어가 아니라고 말했으며, 웰에이징은 더 나은 인생의 많은 가치가 함축되어 있는 특수 복합어라고 말하였다. 현재 웰에이징은 전문가마다 다양한 의미로 정의되고 있다. '자기완성을 위한 존엄한 노년으로 자신의 존엄성을 유지하면서 늙어가는 것', '노화로 겪게 되는 생물학적(외모, 건강 변화), 인지적, 정서적, 영적 차원의 변화에 만족감을 느끼고 긍정적인 정서를 갖는 것', '신체적인 건강과 경제적 자립, 사회적 연계와 노년기의 활동적인 생활이 기반이 되는 삶', '늙어가는 것을 부정적으로 생각하는 것이 아닌 그 자체를 수용하면서 아름답게 늙어가기 위해 노년의 시기를 긍정적인 자기 변화의 시간으로 받아들이려는 삶의 양식과 태도', '적극적으로 노화를 받아들이면서 자신이 하고 싶은 것을 찾아 보람된 일을 하며 삶을 열정적으로 사는 것', '노인 친화적 환경에서 노인이 활기 있고, 적극적인 노년을 보내는 것', '웰빙을 위한 행동을 통해 몸과 마음의 관리를 통해 건강으로 아름다운 삶을 추구하여 사회 전반적 생활 수준을 향상시키는 것', '건강하고 멋지게 나이 드는 것, 사람답게 늙는 것', '좋게, 잘(well) 그리고 나이들다(aging) 두 단어를 합친 것으로 건강하고 멋지게 나이 드는 것', '개인이 스스로 단지 늙어 가고 있는 것이 아닌 계속 성장해 가고 있다는 인식으로 긍정적 선택을 할 수 있는 삶의 방식과 의미를 중시하는 것'. 위의 웰에이징의 정의들은 2012년부터 2020년까지 웰에이징 관련 연구에서 연구자들이 정의한 웰에이징의 의미이다. 현재 웰에이징은 장애와 질병이 없는 상태, 사회적이고 생산적인 참여를 하고 있는 성공적인 노화, 독립적인 삶을 유지하는 개인의 능력이 있는 생산적 노화상태 등으로 다양하게 정의되고 있다. 하지만 종합적으로 현재까지 국내에서의 웰에이징의 공통적인 정의를 종합해서 정의해 보면 '웰에이징이란 노화로 경험하게 되는 변화를 받아들이고 신체적, 정서적, 사회적 기능을 최대한 유지하며 활동하고, 자신의 존엄성을 유지하며 늙어가는 것'이라고 정의할 수 있다.

(3) 웰에이징 연구 사례

최근 웰에이징에 대한 관심이 증가하면서 웰에이징과 관련된 연구가 진행되고 있다. 최근 국내에서 진행된 웰에이징 관련 연구를 살펴보면 웰에이징에 대한 의미 분석, 웰에이징을 위한 요인 분석 연구 등이 진행되었다. 관련 논문의 세부적인 내용을 하나씩 살펴보면 다음과 같다. 우선 웰에이징 관련 의미 분석 연구로는 '국내 웰에이징 연구에 대한 통합적 문헌고찰', '웰에이징 강사가 인식하는 웰에이징 의미 분석' 연구가 있었다.

'국내 웰에이징 연구에 대한 통합적 문헌고찰' 연구에서는 현재 다양한 의미로 정의되고 있는 웰에이징에 대한 정의를 연구마다 분석하고, 이에 대해 종합적으로 웰에이징에 대한 정의를 내리고 있다. 2022년 진행된 '웰에이징 강사가 인식하는 웰에이징 의미 분석' 연구에서는 웰에이징과 관련된 강의를 진행하고 있는 강사 즉, 전문가를 대상으로 그들이 생각하는 웰에이징의 의미를 분석하였다. 그 결과 웰에이징이 크게 세 가지의 의미로 분석되었다. 첫째는 '기본에 충실한 삶'으로 이는 자기 삶을 살아가기 위해 가장 우선시되는 내 건강을 챙기고, 주어진 자신의 역할을 충실히 하는 것으로 분석되었다. 둘째, '빠짐없는 균형적 삶'으로 이는 웰에이징을 위해 어느 한쪽으로 치우치거나 과하지도 모자라지 않는 균형 잡힌 삶을 강조하였다. 이를 위해서는 자신의 신체, 정서, 사회, 영적, 경제적으로 조화로운 삶을 살기 위한 노력이 필요하며, 지속적인 자아성찰을 통해 자신을 돌아보는 시간이 중요함을 강조하였다. 마지막 셋째, 나이에 걸맞는 삶으로 이는 각자의 연령에 따른 과업을 수행하고, 나이듦의 변화에 적응하고 수용하는 것이 중요함을 의미하였다. 이를 위해서는 자신의 역할 변화 등을 거부하지 않고 수용하는 것이 필요하며, 에릭슨이 이야기한 인간발달 단계의 8단계와 같이 발달 단계에 맞는 역할을 충실히 하는 것이 중요한 것으로 나타났다.

다음으로 웰에이징을 위한 요인 분석 연구로는 '빅데이터 분석을 활용한 웰에이징 요인에 관한 연구: 신문기사를 중심으로' 연구

　　　　　　　　유언장 어떻게 쓸 것인가

가 있었다. 본 연구에서는 건강하고 행복하게 나이 들기 위한 웰에이징을 위해 필요한 요인을 신문기사를 통해서 분석한 결과를 정리하였다. 그 결과 국내에서 웰에이징과 관련된 관련 키워드는 '노인', '건강', '피부', '노화', '은퇴' 등이 나타났으며, '피부-주름', '피부-노화', '노인-건강'이 강한 연결관계가 있는 것으로 나타났다. 또한 웰에이징과 관련된 중요키워드로는 '삶과 행복', '질병과 죽음', '영양과 운동', '힐링', '헬스산업', '노화와 안티에이징', '건강', '노인서비스'의 8개의 군집으로 분류되는 결과를 보였다. 이외에도 웰에이징과 관련된 주요 용어로는 가족, 장수, 음식, 질환, 노년, 웰빙, 병원, 스트레스, 치매, 투자, 웰다잉, 수명, 연금 등의 단어가 포함되어 있었다. 위 연구에서도 알 수 있듯이 아직 국내에서의 웰에이징은 노인과 관련된 문제로 인식되어 노인, 노화와 관련된 용어가 자주 등장하는 것을 알 수 있으며, 겉으로 보이는 피부, 주름 등의 노화를 중요시하는 것을 알 수 있다. 하지만 이외에도 신체적인 건강과 정서적 건강, 그리고 경제적인 안정성을 웰에이징의 주요 요인으로 보고 있는 것을 확인할 수 있다.

아직까지 국내에서는 웰에이징에 관심을 두는 연령층은 중장년층을 시작으로 노년층의 관심이 가장 높다. 웰에이징은 노년층에만 한정되는 개념은 아니기 때문에 추후에는 관심 연령층의 범위를 점차 넓히는 것이 필요하겠으나, 아직 현실적으로는 관심이 많은 노년층이 여생 동안 웰에이징을 하고 웰다잉까지 진행될 수 있도록 지지하는 것이 중요할 것이다. 이에 최근 초고령사회의 웰에이징을 대비하기 위한 액티브 시니어의 라이프스타일에 대한 연구보고서를 살펴보면 다음과 같다. 현재 60세 이상 1인 가구의 비율은 31.6%이며,

70세 이상은 17.8%로 고령화가 진행됨에 따라 노년기 단독가구 생활이 점차 증가하고 있고, 곧 이의 일반화 경향이 강해질 것으로 예측하고 있다. 또한 자녀와의 동거에 대한 선호도가 약화되고 있으며, 독립적 생활을 하면서 대부분이 고령자 자신의 집에 거주하기를 희망하는 것으로 나타났다. 이는 2026년 대부분 노년층으로 편입 예정인 베이비부머 세대들은 대다수가 자녀와의 동거를 바라지 않는 것으로 보고되고 있다.

고령사회의 주요한 계층이 될 50대는 현재 자기부양능력이 있는 상태로 현재 본인의 직업을 가지고 생산활동에 적극적으로 참여하고 있고, 60세 이상의 고용률도 2010년 이후 지속적으로 상승세를 보이고 있다. 과거의 고령층은 빈곤율이 높고 노후 준비에 대한 준비가 미흡하였으며, 현재 50대 중장년층은 스스로를 부양할 능력뿐 아니라 문화, 오락 등에 대한 소비 여력이 높은 편이다. 특히 기존 고령 세대의 경우 노후 준비에 대한 인식수준이 낮았지만 현재는 은퇴 이후의 삶에 대한 준비수준이 높고, 소비 성향과 소비 여력 또한 높아지고 있다. 이에 최근 액티브 시니어에 대한 관심이 높아지고 있다.

유언장 어떻게 쓸 것인가

3. 웰에이징을 위한 준비

(1) 이제는 죽음을 배워야 할 때

죽음학자들은 '죽음을 가르치는 것은 산다는 것을 가르치는 것'이라고 말한다. 우리가 일반적으로 인식하는 죽음에 대한 느낌은 굉장히 어둡다. 자동반사적으로 '죽음' 하면 막연한 두려움, 걱정, 공포, 불안이 떠오른다. 이렇듯 교육학자들은 새로운 접근의 죽음 교육을 통해 삶의 환희, 인류애를 갖도록 죽음에 대한 부정적 인식을 전환시켜야 할 시점이 왔다고 강조한다. 이제는 죽음을 한 개인의 문제로 정의하는 것을 넘어 사회적 차원에서 고민하고 교육 과정에서 다뤄야 할 주제임이 분명하다.

일반적으로 죽음의 원인은 불의의 사고, 노화, 지병, 스스로 결정한 극단적 선택 등으로 분류해볼 수 있다. 하지만 그 누구도 처음부터 죽고 싶은 생각을 하고 죽음을 결정하지는 않을 것이다. 그러면 우리는 어떨 때 죽고 싶은가? 아마도 지금 현실이 미치도록 괴롭거나 해결할 수 없는 일들과 상황에 직면했을 때 도망가고 싶은 심정으로 우리는 죽음을 생각한다. 우리는 이때, 막연하게 '죽고 싶다, 사라지고 싶다, 증발하고 싶다, 없어지고 싶다, 다음 날 눈을 안 떴으면 좋겠다' 등으로 죽음에 대한 느낌을 표현한다. 우리 사회에서는 이러한 '죽음'에 대한 다양한 느낌과 언어의 표현을 매우 조심스럽게 다루거나 생명의 마지막 선택의 언어인 위험 신호로 받아들이는 경향을 보인다.

안타깝게도 한국 사회에서 죽음의 의미는 자연스럽게 생명을 마무리하는 방식의 인식보다는 극단적 의미의 죽음, 즉 '자살'과 연관 짓는 사회 분위기가 조성되어 있다. 이러한 분위기를 보여주듯 우리나라는 OECD 국가 중 자살률이 가장 높은 국가로 알려져 있다. 우리 사회에서 단 한 명이라도 외롭게 극단적으로 생을 마감하지 않도록 자신을 건강히 돌보고 삶의 의미를 되찾게 해주는 일이 이 시점에서 매우 중요한 과제라 여겨진다. 또한 직접 경험하지 않고 온라인 매체로 세상을 배우며 디지털 기술 활용 능력(digital literacy)이 뛰어난 세대에게 '삶과 죽음은 어떤 의미로 다가올까'라는 생각을 하게 된다. 디지털 공간에서 간접경험에 부단히 몰입하는 세대가 온라인을 통해 압축되고 요약된 내용으로 세상의 모든 현상을 이해하기엔 한계가 있다. 나와 너, 우리를 진심으로 이해하고 공감하기 위해서 우리는 소중한 삶을 통해 후대에 어떠한 유산을 남겨주어야 할까? 이 지점을 진중히 고민해야 하는 시기에 이르렀다. 때마침 대학생들에게 정신건강 수업 주제로 '죽음'을 다룰 기회가 있었다. '죽음에 대해 생각해 본 적이 있습니까?'라는 질문에, 몇몇 학생들의 응답이 인상 깊게 떠오른다. 대학생들은 전반적으로 부정적이며, 미래의 일이라고 답했다. 예를 들어, "나 자신에게 닥칠 일이지만 죽음에 대해 생각해 본 적이 없는 것 같아요"라고 말이다. 아마도 눈앞에 쌓인 과제들을 해치우느라 허덕이기에 죽음과 관련된 미래를 생각하

유언장 어떻게 쓸 것인가

고 준비할 여유가 없다는 뜻으로 들린다. 그들에게 미래를 위한 준비는 진로 설계, 취업 준비, 그리고 현재에 집중되어 있었고 죽음 준비에 관심을 기울이거나 관련 활동을 한다는 것은 먼 나라 이야기였다. 우리는 서로 다른 이유로 죽음의 문턱을 넘어본 경험이 있거나, 삶과 죽음을 떼어놓고 지금까지 살아왔다. 더 늦기 전에 죽음에 대한 왜곡된 시선을 거두고 삶의 성찰의 기회로 삼을 때 우리의 삶은 조금 더 안정적이고 풍요로워질 것이다.

(2) 웰에이징을 위한 죽음 준비 교육

죽음에 대한 관심은 노령층 인구 증가와 관련이 있지만 전 생애적 발달 관점에서 더욱 폭넓게 조망해야 할 중요한 주제다. '국민 삶의 질 2022' 조사 결과에서 보여주듯이 자살률이 인구 10만 명당 26명으로 전년보다 증가했고 특히 70세 이상 남성이 높은 비율을 차지했다. 그러나 중요한 대상의 상실과 죽음은 노년기에 국한된 것은 아니며 다양한 연령층에서 갑작스럽게 경험하게 되는 현상이다. 이렇듯 죽음 준비는 죽음을 앞둔 개인과 가족 등 다양한 시각에서 살펴봐야 한다. 또한 죽음의 질을 논의하고 죽음에 직면한 다양한 상황을 고려하여 종합적인 접근이 요구된다. 이러한 시대적 요구에도 불구하고 현재 '좋은 죽음'을 위한 준비 절차, 즉 웰다잉 실천은 결코 아름답거나 품위 있지 않다. 웰다잉에 대한 관심은 지속되고 있으나 웰다잉 실천을 위한 현실적인 방법은 체계적이거나 구체적이지 않다. 전문가들도 사회적 차원에서 웰다잉을 위한 정책 방안은 아직 미흡한 상태라고 목소리를 모으고 있다. 이처럼 일상생활에서 웰다잉을 포함한 웰에이징 수행을 위한 설득력 있는 합의와 논의가 이루어야 할 시기가 임박했음을 알 수 있다.

그렇다면 죽음 교육을 통해 삶의 과정과 마지막을 어떻게 잘 마무리할 수 있을까? '죽음 교육'은 일반인들의 관심 주제이지만 교육 장면에서는 실천적 교육을 기반으로 어떻게 적용해야 할지 혼란스러워하는 분위기다. 죽음 교육의 대상자는 전반적으로 노인과 환자, 의료행위자 및 임종을 앞둔 가족들이다. 죽음 교육을 제한된 웰다잉으로 바라보는 시각은 일반 교육 장면에서 죽음을 의미 있고 다양한 시각으로 가르치고 실천하는 데 어려움을 초래할 수 있다. 이제는 준비되지 않은 웰다잉을 권유하는 문화가 아니라 자연스럽게 일반 장면에서도 죽음을 건강한 방식으로 수용하고 맞이하는 방식으로 전환되어야 할 때이다.

죽음 교육은 죽음 준비 교육으로도 불리며, 죽음과 연관된 다양한 주제에 대한 이해와 체험을 증진하는 활동으로 볼 수 있다(권석만, 2019). 죽음의 현실을 연구하고 죽음 교육의 중요성을 역설한 퀴블러 로스(Kubler-Ross, 1969)는 죽음의 현실적 측면을 더욱 일찍 수용하고 직면할수록 진실한 삶을 살아갈 수 있다고 조언한다. 연구자들의 공통된 의견도 교육을 통해 죽음에 대한 가치관을 명확히 하고 건강한 방식으로 삶을 마무리할 수 있는 실재적 죽음 준비의 필요성을 강조하고 있다. 본격적으로 죽음 교육이 대중에게 알려지기 시작한 것은 미국의 심리학자 허만 파이벨(Herman Feifel, 1959)의 '죽음자각운동(death awareness movement)'에서부터였다. 그의 저서『죽음의 의미』가 출간되면서 죽음과 연관된 다양한 주제들이 사회적으로 주목받게 되었다. 허만이 정의하는 죽음 교육의 목적은 모든 사람들이 삶의 소중함을 느끼고 충만한 삶을 살아가도록 촉진하며 좋은 죽음을 맞이하도록 돕는 것이다.

우리나라 죽음 교육은 미국의 죽음 교육 목적과 닮아 있다. 전반적으로 자살과 폭력을 예방하는 것에 초점을 맞추고 있으며, 죽음 교육을 통해 미화되거나 왜곡된 죽음의 모습을 바로잡고 부정적 측면이 강조된 죽음의 현실적 문제를 해결할 수 있도록 돕는 데 주력하고 있다(이윤주, 조계화, 이현지, 2006; King & Hayslip, 2001; Wass, 2003). 연구자들이 제안하는 죽음 교육의 목적을 대략 다음과 같이 요약할 수 있다. 먼저, 죽음에 대한 임상·과학 결과를 바탕으로 한 정보제공, 둘째, 죽음 인식과 가치 이해의 확장, 마지막으로 죽음을 어떻게 받아들이고 적응적 행동 양식으로 변화시킬 것인지에 대한 죽음 대처 행동이다(이윤주, 조계화, 이현지, 2006; Knott, 1979).

특히 죽음학 분야에서 죽음 교육을 중요하게 다루는 이유는 죽음을 회피하고 부정하는 것이 개인과 사회를 위해서 결코 도움이 되지 않는다는 연구 결과와 사회·과학적 판단에 의해서다. 우리는 죽음 교육을 통해 죽음과 관련된 다양한 활동을 더 잘 수행할 수 있고 죽음과 상실의 환경에서 건강한 방식으로 적응할 수 있게 된다. 이러한 죽음 교육 목적 실현을 위해 사회학, 심리학, 교육학, 의학, 종교학, 사회복지학 등을 비롯한 여러 학문 분야의 경계를 넘어 다학문적 활동으로 이어지고 있다.

많은 사람이 노년기에도 품위 있는 삶을 지속하고 존엄한 죽음을 선택하기 위해 '좋은 죽음 준비'에 대한 관심과 노력을 기울이고 있다. 그렇다면 현재 우리나라 노인이 생각하는 좋은 죽음은 과연 어떤 것일까? 또한 어떻게 죽음을 준비하고 있을까? 2020년 노인실태조사에 따르면, 삶을 의미 있게 정리하는 죽음 준비는 교육수준이 높을수록 죽음 관련 준비 영역이 다양해지는 것으로 분석되었다. 예를 들어, 가족과 상속 처리 또는 장례 의향에 대한 논의를 한 비율이 높은 집단은 교육수준이 고등학교 이상인 경우였으며, 특히 전문대 이상의 교육수준 집단에서는 '상속 처리 논의'가 21.8%를 보였다. 또한, 학력수준이 높을수록 '장기기증 서약, 죽음 준비 교육 수강, 유서 작성' 준비율이 높은 경향을 보였다. 이러한 결과는 좋은 죽음을 위해 미리 준비할 수 있는 온·오프라인 기관의 접근 경로가 다양해짐과 동시에 죽음 준비를 위한 긍정적 문화가 확산되고 있음을 암시한다. 건강상태가 양호한 집단에서는 그렇지 않은 집단에 비해 '장례에 대한 수의, 묘지, 상조회 가입' 비율이 높았고 '좋은 죽음 준비 활동' 수행률을 높이는 결과로 이어졌다.

'2020년도 노인실태조사' 결과를 바탕으로 노인이 바라보는 좋은 죽음은 무엇인지에 대해 '임종 전후의 상황을 스스로 정리한 후 임종을 맞이하는 것, 신체적, 정신적 고통 없이 임종을 맞이하는 것, 임종 시 가족, 지인과 함께하는 것, 가족이나 지인에게 부담을 주지 않는 것'의 네 가지 차원으로 그 중요도를 알아보았다. 노인이 생각하는 생애 말기 좋은 죽음의 우선순위는 첫째, 가족이나 지인에게 부담을 주지 않는 죽음이 90.6%, 둘째, 신체적, 정신적 고통 없는 죽음이 90.5%, 셋째, 죽음의 전후 상황을 스스로 정리하는 임종이 89.0%, 마지막으로, 가족과 함께 임종을 맞이하는 것이 86.9%로 나

유언장 어떻게 쓸 것인가

다났다. 이러한 결과는 노인들이 죽음을 앞두고 삶을 정리하는 과정에서 자녀들에게 짐이 되지 않기 위해 노력하는 모습으로 해석할 수 있다.

① 무엇을 어떻게 준비하고 있는가?

노인의 좋은 죽음에 대한 인식 결과에서도 알 수 있듯이 노인 대부분은 스스로 죽음을 준비하는 것으로 나타났다. 아마도 '임종 전후의 상황을 스스로 정리한 후 임종을 맞이하는 것'이 최고의 미덕이라고 믿는 사회적 분위기에서 그 내막을 읽을 수 있다. 구체적으로 어떠한 사항을 준비하는지 우선순위로 살펴보면 수의 준비, 묘지 구입, 상조회 가입, 상속 처리 논의, 유서 작성, 사전연명의료의향서 작성, 장기기증 서약, 죽음 준비 교육 수강 순으로 나타났다. 죽음 준비 내용 중 장례 절차와 관련된 실제 행정적인 부분이 약 80%를 차지했으며, 좋은 죽음을 위해 자기결정권 행사와 같은 개인적인 주변 정리 행동이 약 27%였다. 이와 같이 죽음을 앞둔 본인의 장례 준비 비중이 높으며 폭넓게 웰다잉을 실천하며 삶을 마무리하는 다양한 죽음 준비 활동엔 소극적인 모습을 보이고 있다(이윤경 외, 2020). 노인들이 홀로 장례 준비에 많은 시간을 할애하는 것 또한 자신의 죽음으로 인해 가족과 주변 지인에게 부담을 주면 안 된다는 의식이 강하게 자리 잡혀 있기 때문이다.

② 노인들은 연명치료에 대해 어떻게 생각하는가?

존엄한 죽음에 대한 개인의 의사결정권을 존중하는 분위기가 형성되면서 대부분의 노인들은 생존 가능성이 낮은 의료적 처치를 지속하는 것은 소모적이라고 판단하고 거부하는 경향성을 보인다. 죽음을 준비하는 과정에서 연명치료에 대한 반대 의견은 86%에 달한다. 연명치료에 대한 반대 경향성은 2017년 노인실태조사에서도 뒷받침되고 있다. 특히 일반인보다 시한부, 말기암 환자, 뇌사상태 등의 환자 집단의 반대 입장은 더 뚜렷하게 나타난다. 이들의 입장은 죽음을 앞둔 당사자가 의미 없는 생명 연장으로 시간과 비용을 소비하기보다는 현재의 상황을 정리하고 가족에게 심리적·경제적 부담을 주지 않는 차원에서 삶을 마무리하겠다는 의지로 해석할 수 있다. 그러나 연명치료 거부 의향 비율이 높은 것에 비해, 현 상황에서 사전연명의료의향서를 작성한 비율은 4.7%로 매우 낮게 보고되었다. 연명치료를 적극적으로 거부하고 싶지만 죽음을 앞둔 당사자가 어떻게 해야 하는지 난감해하는 경우가 많을 것이다. 따라서 사전연명의료의향서 작성에 필요한 행정적 절차 내용과 안내가 체계적으로 수반되어야 함을 보여주는 사례라고 여겨진다.

(3) 죽음 준비 교육을 넘어 웰에이징 준비 교육으로

죽음을 대비한다는 것은 노년기를 미리 준비한다는 의미이기도 하다. 이제는 단순히 장례준비와 관련된 절차만을 죽음 교육으로 보는 관점에서 벗어나 죽음 교육을 한 개인의 평생교육과 학습회복의 관점에서 바라보는 시도가 필요하다. 학생을 비롯하여 일반인을 대상으로 죽음을 중요한 주제로 다루기 시작한 지는 얼마 되지 않았다. 중요하지만 등한시되었던 '죽음'의 주제는 현대사회가 직면한 세대 간 갈등과 혐오, 핵가족과 비혼, 변화된 가족구조에 의한 소외계층과 고독사 증가 등으로 사회적 관심의 주제로 자리 잡았다.

죽음이라는 제한된 범위를 넘어 웰에이징을 준비하기 위해서는 다양한 학습자가 공존하는 평생교육체제 내에서 구체적인 체계를 맞추는 것이 요구된다. 예를 들어, 사회·정서 향상을 위한 교육은 전생애적 발달 측면에서 의미 있고 건강한 사회적 관계를 맺는 데 긍정적 영향을 끼친다. OECD(2020)에서도 고령사회 노인들의 더 나은 삶의 방안으로 지역사회와 연계한 다양한 평생교육 활동의 기회가 제공되어야 함을 강조하였다(김현진 외, 2020). 노인들이 지역사회 커뮤니티 활동에 지속적으로 참여하고 현시대에 요구되는 사회·정서적 기술을 새롭게 학습함으로써 타인과 사회적 소통을 촉진할 수 있다고 보는 관점이다. 따라서 교육기관의 문턱을 낮추고 고령층 교육수요에 적합한 내용을 웰에이징 교육에 포함해야 한다. 이를 위해서는 노인학습자의 교육요구도에 부합하는 웰에이징 교육내용이 무엇인지를 파악하는 것에서부터 시작되어야 한다.

서울시 50+ 세대 실태조사에 따르면 65~69세 연령층은 자녀 교육, 자녀의 취업 및 결혼, 노후 준비 중 '노후 준비'에 높은 관심을 보였다. 노후 준비의 구체적 내용을 살펴보면, 100점을 기준으로 건강관리가 57.4점, 사회적 관계 54.6점, 여가생활 54.3점, 경제적 준비 53.7점으로 전체적으로 균형 있게 노년을 맞이하고 준비하고자 하는 모습을 엿볼 수 있다. 웰에이징을 위해 교육내용에 포함되어야 할 부분은 노후설계를 위한 정보제공과 교육 필요성의 주된 내용으로 건강관리(77.3%), 사회적 관계(68.8%), 일자리(67.6%) 순이다. 노후 준비를 위해 우선적으로 제공되었으면 하는 정보와 교육내용이 건강과 관련되어 있음을 알 수 있다. 더욱 구체적으로 상담, 교육, 정보제공의 필요성이 높은 항목 또한 건강관리, 사회적 관계, 일자리 순으로 나타났으며, 노년층을 포함하여 전 연령층에서 위 세 가지 항목을 중요한 교육내용으로 꼽고 있었다. 이러한 결과는 웰에이징을 위해 스스로 관리하고 건강한 삶을 유지하기 위한 노력이라고 볼 수 있다.

지금까지 대한민국의 노인들이 웰에이징을 위해 준비하고 애쓰는 모습을 엿볼 수 있었다. 우리의 삶에서 무언가를 시작하기에 늦은 때는 없다. 우리가 건강하게 살아 숨 쉬고 있을 때 지혜롭고 평안하게 나이들 수 있다면 더할 나위 없을 것이다. 또한 건강한 방식의 삶의 준비를 통해 '죽음'이라는 무기력에서 벗어나 현재를 긍정적 시선으로 바라보고 전생애적 발달 관점에서 조망함으로써 건강한 삶의 의미를 되찾는 계기가 마련되기를 바란다.

제2장

웰에이징과 유언장

HOW TO WRITE A WILL

1. 남은 삶을 준비하기 위한 유언장

(1) 유언장 작성이 필요한 이유

유언장 작성은 자신이 죽기 전에 인생을 마무리하는 과정에서 대단히 중요한 일이며 지혜로운 행위이다. 최근에는 반드시 임종을 맞이하기 전에 쓰지 말고, 가능한 한 고령기에 접어드는 시기에 작성하도록 권장되고 있다. 내가 앞으로 '어떻게 살 것인가'를 생각한다면, 나는 '어떻게 죽을 것인가'를 생각하는 것이 대단히 도움이 되며 그러한 생각을 정리하는 의미에서 나 자신의 죽음을 준비하는 유언장을 작성하는 것이 도움이 될 수 있다. 많은 사람이 이 방법으로 자신에게 지금 이후의 남은 생애를 보다 자신이 원하는 방식으로 살아갈 수 있다고 증언한다. 인생을 알차게 보낸 수많은 사람이 자신의 죽음에 대면한 태도와 방식을 살펴보면, 각자 자신의 죽음에 대면하는 태도가 얼마나 중요한 일인지 알 수 있다. 그렇게 해본 사람들은 다른 사람들에게도 유언장을 미리 작성해 보기를 적극적으로 권한다. 유언장 작성이 필요한 이유를 살펴보면 다음과 같다.

첫째, 내가 스스로 작성하는 유언장은 지금까지 살아온 나의 삶을 정리하고 앞으로 남은 삶을 보람 있게 살아가는 기회를 만드는 일이다. 자기 삶에 대해 여전히 고민하고, 여전히 방황하는 사람은 물론 보람 있게 살았다고 자부하는 사람도 반드시 자신의 유언장을 써 보자. 유언장 작성은 그동안 살아온 삶을 되돌아봄으로써 자기 삶을 명확히 하고 남은 삶을 충실하게 살기 위한 목적을 찾는 과정이 되기도 한다.

유언장 작성은 앞으로 남은 자기 삶의 좌표를 다시 설정하는 데 큰 도움을 줄 수 있다. 유언장을 작성하면 자신에게 남은 일생을 더욱 알차게 보낼 수 있으며 자기 삶을 완성하는 기회를 가질 수 있다. 유언장 작성 글쓰기를 통해 자기 삶을 살아가는 데 새로운 자신감을 얻을 수 있다. 어쩌면 가슴 답답한 현재를 극복할 지혜를 얻게 되고, 나이가 들수록 점점 어려워지는 현실 적응에 대해 나름대로 방향을 정할 수 있다. 환희와 분노를 넘어 세상을 마주 대하는 자신만의 관점을 가지게 된다. 이제 앞으로 남은 삶은 '내가 원하는 대로 살겠다' 하는 선언서가 될 수도 있다. 자기 가족과 친구들에게, 나는 이렇게 살 것인데 너희가 원하는 삶은 어떤가 하는 진지한 대화를 할 수 있다. 따라서 유언장을 쓰는 시점은 지금이 바로 그 시점이다. 전통적으로 유언장은 부모가 자녀에게 쓰는 편지였는데, 노년에 작성하고 자신이 죽은 후에 읽도록 되어 있었다. 그러나 지금 당장이야말로 나의 유언장을 쓸 때이다. 내년이나 내일은 지금보다 더 나의 정신적, 신체적 상황이 나빠질 수 있다. 유언장을 작성하기 위하여 죽기 직전까지 기다리지 말아야 한다.

유언장 작성을 통해 현재 살아가는 삶의 즐거움과 고통과 고민을 다시 한번 돌아볼 수 있다. 앞으로 어떻게 살 것인가에 대한 핵심 내용은 각자가 정할 문제이지만, 공통점은 누구든 앞으로 '즐겁게 놀고 일하며 뜨겁게 사랑하기'를 기대하는 것이다. 일은 놀이처럼 즐겁게 하고, 사랑은 소모적이거나 과거의 추억에 안주하지 않고 서로 성장하는 관계로서 마주 대하며, 자신이 생각하는 바를 다른 사람들과 함께 공유하면서 자신의 삶을 자신답게 살아가기 위한 것이다. 지금 당장 자신의 인생과 가치관을 분명하게 기술하는 순간, 갑자기 자기 삶을 더 계획적으로 살기 시작하게 될 수 있다. 특히 글로 써서 다른 사람들에게 나의 가치관을 공유한다면 나 자신의 삶의 의지를 강화하니 자신에게 남은 시간과 자산을 더욱 효과적으로 사용할 수 있다.

둘째, 유언장 작업은 내 마음의 평화를 가져올 수 있다. 현재 내가 살고 있는 이 순간이 나에게 얼마나 중요한 시간인지를 깨달을 수 있다. 유언장을 작성하는 글쓰기를 통해 내가 살아가는 모든 현실을 제3자의 시각으로 담담하게 받아들이게 된다. 현재 살아가면서 누리는 감사하고 고마운 일들을 적을 수도 있다. 다른 사람을 이해하는 포용력도 커질 수 있다. 이러한 내용을 기술하면서 유언장 글쓰기는 자신이 살아오는 동안 겪었던 기쁨을 배가하고 좌절과 고통을 극복할 힘을 얻을 수 있다.

유언장에는 자신의 재정에 관한 결정 근거, 상속인이 받을 의미 있는 물건에 대한 이야기 등 내가 생전에 소유한 재산이나 물건 등 나에게 중요한 것을 전하는 신중하게 계획된 의지를 기술할 뿐 아니라, 자신의 사후에 기억될 것에 대한 요청을 담기도 한다. 유언장 작성은 내 인생의 정신적·영적 가치를 명확히 한다. 자신의 가치, 원칙, 개인적인 이야기와 역사, 가족의 미래에 대한 소망 등을 남기는 일이다. 나의 재산뿐 아니라 나의 믿음, 삶의 교훈 등 나 자신의 의

유언장 어떻게 쓸 것인가

미 있는 것을 남길 수 있는 중요한 일이며, 이것을 이 세상과 후손에게 공유하는 글이다. 따라서 유언장은 회고록이나 자서전과 유사할 수 있지만, 자신이 배운 삶의 교훈, 자기 인생에 대한 자부심, 미래에 대한 희망과 삶의 지혜를 더하여, 자식과 후손에 대한 사랑과 축복을 담는다. 이러한 점에서 유언장은 돌아가신 조상과 후손을 재결합시킬 수 있다. 2세, 3세 자손들이 어른이 되어 조상의 마음과 영혼을 공유하는 글을 통하여 지속적인 연계성을 가질 수 있다. 자신과 자녀 및 자손들은 소속감과 감사함, 이해와 사랑, 소중한 감동을 얻게 된다.

유언장 작성은 나의 인생과 삶의 가치를 적는 과정에서 과거의 인생을 보상하고, 후회하고, 관계를 치유하는 데 도움이 될 수 있다. 유언 작성은 감사와 용서를 표명하는 일이기도 하다. 내가 살아오면서 나에게 도움을 준 사람들과 나의 삶에 영향을 준 사람들에게 그동안 충분히 표하지 않았던 감사를 드릴 수 있다. 또한 내가 상처를 주었거나 주었을지 모르는 사람들에 대한 사과, 후회하는 행동에 대한 반성과 용서를 요청할 수도 있다. 이러한 이유로 유언 작성은 자신이 사망하면 자신의 흔적이 없어질 것이라고 느낄 수 있는 절망감과 상실감을 감소시킬 수 있다. 죽음을 앞둔 사람들은 죽음으로 인한 두려움과 상실감으로 더욱 고통스러울 수 있다. 유언장을 쓰는 시간은 자신의 과거를 돌아보고 앞날을 생각하면서 자신이 무가치하게 되리라는 고통을 줄이고 내 마음의 평화를 가져올 수 있는 시간을 갖게 되는 것이다.

셋째, 자신의 인생 마무리를 스스로 준비한다는 의미가 있다. 자신의 유언장을 미리 쓰는 일은 자신의 죽음 자체를 더욱 구체적이고 현실적으로 고민해 보는 데 의미가 있다. 유언장의 내용은 앞에 서술한 내용뿐 아니라, 자신의 사후에 자신의 시신과 장례와 제사 등에 관해 자신의 바람을 기술한다. 자신의 장례 방법, 자신의 장기기증 문제, 시신을 화장할지 매장할지의 문제, 그리고 제사를 지낼 것인지의 문제 등 자신의 죽음을 기념하는 방식, 자신의 생전에 사전 장례식을 할 것인가 하는 문제 등 자기 삶과 죽음을 기념할 자리를 마련할 것인가의 문제 등을 정리할 수 있다. 또한 자신이 스스로 의사결정을 할 수 없는 상황에 처한다면 자신이 존엄성을 지키면서 죽을 수 있도록 해달라는 부탁을 담아 자신의 임종기에 행해지는 의료 및 호스피스에 관한 방법 등 현명하게 죽음을 맞이하는 방법을 기술할 수 있다.

(2) 자기 삶을 완성하는 유언장

한국도 최근에 '사전연명의료의향서' 서명 운동 등을 통해 '인생의 마무리' 활동이 시작되고 있다. 여전히 대화에서 죽음은 금기시되는 주제이지만 서서히 고령화사회를 맞이하면서 확산될 것으로 보인다. 한국은 2025년 이후 초고령사회로 진입하게 된다. 이제 자신이 스스로 존엄한 죽음을 맞이하기 위해 남은 삶을 아름답게 마무리하는 노력이 필요한 시대가 되었다.

자녀나 후손들에게 할 말이 있다면 이 또한 즉시 유언장을 작성

유언장 어떻게 쓸 것인가

하는 것이 좋다. 유언장 내용 가운데 과거에 서로 주고받은 고통스러운 일을 상기시킬 수 있기 때문에 가족들이 자신의 유언장을 대하면서 고통스러울 수 있다. 그러나 내가 아직 살아 있다면 살아오면서 일어났던 서로 간의 상처를 치료할 기회가 아직 남아 있다.

또한 유언장은 자신의 남은 인생을 자신답고 건강하고 보람 있게 살기 위한 '아름다운 마무리(happy ending)'를 위한 계획을 세우는 일까지 생각하고 준비하는 과정도 포함된다. 버킷리스트도 이에 해당하는 활동이다. 자기 삶을 단순화하여 그다지 의미 없는 군더더기 같은 시간을 정리할 수 있다. 한국인들도 과거에 선비들이 임종을 앞두고 자녀들에게 해야 할 일, 삼갈 일 등을 유훈(遺訓) 또는 유계(遺誡)라는 글로 써서 남겼다. 서양의 윤리적 유서는 우리말로는 유훈이라고 번역하는 것이 적절하겠다. 유훈은 변호사가 쓰는 것이 아니라 나 자신이 쓰는 것이다. 내가 스스로 작성하는 나의 유훈은 나의 삶의 가치를 높일 수 있다. 유훈은 인생을 마무리하는 과정에서 중요한 일이다. 사람들은 자신의 가치, 원칙, 개인적인 이야기와 역사, 가족의 미래에 대한 소망 등 다른 종류의 유산을 남기기를 원한다. 유훈이란 나의 인생과 삶의 가치를 종이에 적는 것이다. 글 내용은 가족 역사와 문화적, 영적 가치가 포함될 수 있다. 이 과정에서 과거의 인생을 보상하고, 후회하고, 관계를 치유하는 데 도움이 될 수 있다. 자식과 손자에 대한 사랑과 집안이나 자기 인생에 대한 자부심, 후손에게 주는 희망과 꿈의 축복을 담는다. 삶의 교훈과 삶의 지혜를 담는다. 후회하는 행동에 대한 용서를 요청할 수도 있다. 개인 재정에 관한 결정에 대한 근거, 상속인이 받을 의미 있는 물건에 대한 이야기, 건강에 대하여 유념할 내용에 대한 설명, 그리고 자신의 사후에 기억될 것에 대한 요청을 담기도 한다.

　유언장을 직접 쓸 수 없다고 생각한다면, 온라인 템플릿을 사용하거나 전문 작가와 함께 작업할 수 있다. 비디오나 셀카 비디오도 좋은 방안이다. 유언을 녹음이나 비디오로 만들 수 있다. 편지뿐 아니라 나의 음성메시지를 녹음하여 보이스 메일을 전할 수도 있다. 내가 유언장을 읽는 모습을 비디오로 저장하여 나 자신이 쓴 편지를 내가 읽는 목소리로 자녀와 후손들에게 들려준다면 더 훌륭한 유언으로 남을 것이다. 이처럼 유언장 작성은 자기의 인생을 정리하여 자기 인생을 되돌아보는 기회를 맞게 한다. 또한 자기가 인생에서 아직 이루지 못한 것을 생각하고 이것을 정리하여 자신의 남은 인생을 보다 만족할 만한 방향과 내용으로 만들어 갈 수 있다.

(3) 유언 작성의 의의와 철학

　일본은 고령화 시대가 지속되면서 종활(終活)에 대한 인식이 확대되고 있다. 종활은 생전에 죽음에 대비하여 삶을 마무리하기 위한 일련의 활동으로 처음에는 장례 분야에서 시작해서 현재는 엔딩노트, 간병보험, 자산운용 등의 분야에 이르기까지 죽음산업으로 확대되고 있다. 일본의 종활교과서 교육의 핵심 개념은 나의 죽음과 관련해서 다른 사람에게 '폐를 끼치지 않고 죽는 법, 마무리하는 법을 위한 준비'로 요약되고 있다. 무엇보다 종활은 자신의 죽음으로 발생힐 수 있는 일들을 생전에 자신 스스로가 준비하고 해결하려는 적극적인 의지가 반영된 활동이라고 할 수 있다. 이런 측면에서 본다면 유언장은 종활의 하나로 볼 수 있다. 죽음으로 인해 발생할 수 있는 상속 문제의 법적인 해결을 넘어서 실존적 존재로서 자기 삶을 마감하면서 남아 있는 가족들에게 유훈, 당부 등의 내용들을 생전에 준비하는 것이기 때문이다. 유언장 작성은 자신의 죽유 이후에 밮생할 일련의 일들에 대해 생전에 자신의 의지가 반영되도록 하는 적극적인 행위라는 점에서 의의가 있다고 할 수 있다.

또한 일본의 유언장 관련 내용을 분석한 이미애는 "유언장의 작성 시기에서 사망에 이르는 시간이 길어지고 있다는 점에 주목하면서, 유언장은 고령자가 죽기 직전에 작성한다는 생각에서 건강하고 정신적으로 판단 능력이 있을 때 죽음의 준비로서 하는 의식 변화로 해석될 수 있다"[1]라고 주장한다. 결국 유언장은 죽음에 임박해서 작성했던 기존의 죽음 문화와는 다르게 고령화와 평균수명의 연장에 따라 생전에 죽음을 준비하는 삶의 한 과정으로 자리 잡고 있는 것으로 보인다. 유언장 작성의 의의는 죽음 앞에 선 한 인간의 모습을 생전에 생각해본다는 데 있다. 생전에 죽음을 생각한다는 것은 결국 어떻게 살 것인가에 대한 물음으로 연결된다. 바로 이러한 구조가 유언장 작성이 곧 삶과 연결되는 지점이 되는 것이다.

인간이 유서를 작성하는 것은 자신이 유한한 존재라는 것을 고백하는 단적인 증거이다. 또한 자신은 죽고 없지만 자신의 생각과

---

1 이미애, 「일본 고령자의 장묘(葬墓)에 대한 의사표시와 유언장」, 『일본문화연구』 42, 2012, p. 338.

의지가 반영된 세상, 남은 자들의 삶을 꿈꾸는 유한한 존재로서의 소망이 담겨 있다. 이런 측면에서 유서 앞에서 인간은 교만과 욕망, 허식이 사라지고 실존적인 한 인간으로서의 모습만 남게 된다. 유서는 인간이 유한성을 인정하는 것이다. 또한 유서는 실존적인 인간이 모습을 단적으로 보여주는 증표라고 할 수 있다.

유언은 죽음을 전제로 진행된다. 따라서 유언은 내가 마지막으로 하고 싶은 말, 그동안의 삶을 살아오면서 깨달은 것, 소중하다고 생각한 것을 담고 있다. 유언을 쓴다는 것은 죽음을 의식하는 것이라고 볼 수 있다. 그렇다면 내가 유언장을 작성했는데 죽지 않고 여전히 살아 있다면 새로운 삶을 사는 것이 아닐까. 유언은 죽음 앞에서 자기 삶을 통해 경험하고 깨달은 자신만의 삶에 대한 철학과 가치관, 태도를 반영한다. 새로운 삶은 유언에 적시된 것을 실행하면서 살아야 하지 않을까. 이런 점에서 건강할 때 작성하는 유언은 죽음을 위한 것이 아니라 삶을 위한 것이 될 수 있다. 유언은 실존적 존재로서 죽음 앞에 선 인간의 삶에 대한 고백이기 때문이다. 이런 점에서 유언의 철학적 의미는 삶을 성찰하게 하는 문서라고 할 수 있다.

(4) 삶을 위한 유언장이 되려면

고령화 시대, 평균수명의 연장은 역설적으로 죽음을 기다리는 시간도 늘어나게 했다. 건강하게 노년을 보내는 것은 행복한 일이지만 그렇지 않다면 노년은 힘든 시기이다. 경제적인 여유를 가지고 있는 노년은 편안함을 보장해주지만, 반대의 경우에는 하루하루를 보내는 것이 걱정일 수밖에 없다. 그래서 '100세 시대 축복인가, 재앙인가'라는 담론이 제기되고 있다. 한국 사회에서 웰다잉을 넘어 웰에이징에 대한 담론은 이러한 문제의식에서 출발하였다. '늘어난 평균수명을 어떻게 살 것인가'에 대한 진지한 물음이 현실적인 문제로 다가온 것이다. 평균수명이 83세라는 점을 고려한다면 60세 정년을 기본으로 할 때 최소 20여 년간을 살아야 하기 때문이다.

한편 유언은 죽음 이후를 생각하고 작성하는 것이 일반적이다. 즉, 삶을 위한 유언이 아니라 죽음 앞에서 나를 제외한 사람들에게 해당되는 것이다. 이런 면에서 유언장은 삶을 위한 것이 아니라 죽음을 위한 것이다. 그리고 내가 확인할 수 없기 때문에 엄밀하게 말하면 나와는 상관없는 것이다. 유언장은 재산상속을 위한 것으로 인식하는 경향이 강하기 때문에 재산이 없다면 상속을 위한 유언장은 작성할 필요가 없다.

그렇다면 유언장이 나를 위한 것은 될 수는 없을까? 장례식은 분명 죽은 자가 주인이지만 정작 자신이 없이 진행되는 유일한 의례이다. 돌, 결혼식, 고희연 등의 의례에는 당사자의 참여가 필수적이다. 그러나 장례식은 당사자가 없어야만 진행되는 독특한 구조를 갖고 있다. 유언의 실행은 죽음이라는 사건이 발생해야만 가능하기 때문에 장례식과 같은 형식을 갖는다. 이런 구조적인 한계를 극복하기 위해 현대사회에서 미국과 일본을 중심으로 생전장례식이 등장했는지도 모른다. 당사자가 참여한 의례를 치르기 위해서 말이다.

삶을 위한 유언장은 특별한 형식이 있는 것은 아니다. 유언장은 형식보다는 작성하는 그 자체로 중요하다. 왜냐하면 유언장 작성은 실존적 존재로서 죽음 앞에 선 인간이 되는, 오직 자신만의 시간을 갖는 것이기 때문이다. 이것보다 더 삶을 위한 것이 있을까.

유언장 어떻게 쓸 것인가

2. 디지털 시대 유언의 특징과 경향

(1) 디지털 사이버 장례와 추모관의 증가

　　현대사회가 급속히 디지털 시대로 접어들면서, 과거에 대부분의 기록이 종이로 남던 형태에서 벗어나 많은 양의 기록이 전자적 형태로 생산되고 있다. 국가통계포털(2022)에 따르면 2021년 7월 만 3세 이상 인구의 인터넷 이용률(최근 1개월 이내 인터넷 이용자의 비율)은 93.0%로 전년 대비 1.1% 증가하였으며 인터넷 이용자 수는 47,317천 명(전년 대비 498천 명 증가)으로 조사된다. 즉, 장소 구분 없이 어디에서든 인터넷을 이용하는 시대이고, 연령대에 상관없이 많은 사람이 디지털 공간에서 기록물을 생산하고 있다.

　　사후 디지털 기록은 물리적 실체가 있는 기록유산과는 다르다. 고인은 이미 세상을 떠났지만, 그들의 존재는 완전히 사라지는 것이 아니라 디지털 세상에 생생하게 남아 있거나 곳곳에 오랫동안 지워지지 않는 '디지털 발자국(Digital Footprint)'들을 남긴다. '우리가 살아 있는 동안 생산해 낸 정보가 죽은 뒤 디지털 형태로 영속된다면 어떻게 될 것인가?' 따라서 살면서 디지털 세계에 남겨 놓은 내 발자국인 디지털 기록들을 어떻게 정리할 것인지 생각해야 할 필요성이 요구된다. 살아 있을 때 정리하거나 사후 어떻게 처리할지도 생각해 놓아야 한다. 또한 일반적인 면대면 장례식을 치르던 과거와 달리 인터넷 공간 안에서 온라인으로 장례를 치르는 사이버 추모관도 증가하고 있다. 최근 딥브레인 AI는 인공지능(AI) 추모 서비스 사업 협약을 맺고 한층 진화된 추모 서비스를 준비 중이다. 딥브레인 AI는 사전 인터뷰와 촬영 등을 통해 가족의 모습을 'AI 휴먼'으로 구현, 사후에도 온라인에서 만날 수 있는 '리메모리' 서비스를 하고 있다. 가족들은 리메모리 쇼룸에 방문해 고인과 외모·표정·말투까지 닮은 AI 휴먼과 대화할 수 있고 고인의 일대기 영상과 유가족에게 남긴 영상편지 등도 확인 가능하다. 또한 앞서 고인의 위패와 추모 액자에 새겨진 QR코드를 활용한 '디지털 추모관' 서비스도 실시하여 디지털 추모객은 고인의 생전 모습이 담긴 영상과 사진을 감상할 수 있고 추모글 게시판에 위로의 마음도 나눌 수 있다.

추모앨범, 하늘편지, 추억보관함 등을 포함한 사이버 추모관을 운영 중이며, 해당 서비스에서는 현재 5만 8,823명의 고인이 사이버 추모관에서 추모되고 있다. 비대면 문화 확산과 함께 상조업계에서 새로운 장례·추모 문화를 만들어 나가려는 움직임이 활발하게 나타나고 있다. 영화 '그녀(Her)'에서처럼 인공지능 기술이 발달함에 따라 시리 같은 가상 인격과 음성으로 대화를 나눌 수 있는 세상이다. 축적된 개인정보만 충분하다면 그 사람을 흉내 낸 챗봇과 텍스트로 대화를 나누는 것이 얼마든지 가능하다. 즉, 몸은 죽었지만 정신세계는 클라우드에 백업되어 마치 살아 있는 사람과 대화하는 것과 같은 기술적 구현이 가능하다는 이야기이며, 홀로그램으로 모습을 소환할 수도 있을 것이다. 면대면으로만 이루어지던 추모와 장례 방식에

유언장 어떻게 쓸 것인가

서 앞으로는 AI 추모 대상자를 찾아뵙고 디지털 추모관에서 추모하는 사람들이 늘어날 것이다.

(2) 디지털 시대 유언의 경향

이제 유언장도 온라인으로 작성하는 시대가 됐다. 언론매체 블룸버그는 윌링닷컴(Willing.com)이라는 스타트업 업체가 온라인으로 유언장을 작성하고 서명해 클라우드에 보관하는 방식의 서비스를 선보일 계획이라고 전했다. 이는 로켓로열(Rocket Lawyer), 리갈줌(Legal Zoom) 같은 온라인 법률서비스 업체들이 다운로드용 전자유언장을 제공하는 것에서 진일보한 방식이라는 설명이다. 전자유언장의 법적 효력을 인정하는 주도 늘고 있다. 미국의 네바다주에서는 이미 법안이 통과됐으며, 플로리다 등 일부 주들도 비슷한 법안을 추진 중이다. 보험업체인 넷쿼트(NetQuote)에 따르면 45세 이상의 성인 중 40%는 아직 유언장을 작성하지 않은 것으로 조사됐다. 윌링닷컴의 법률자문인 로버트 싯코프는 "사후 법적 분쟁 예방을 위해 유언장 작성은 매우 중요하다"라며 "온라인 유언장이 유언장 작성의 진입장벽을 낮추는 것에 기여할 것"이라고 말했다. 윌링닷컴의 비용은 연간 25~50달러 선이 될 전망이다. 하지만 일각에서는 유언장을 디지털 방식으로 처리하는 것은 위조 및 해킹 등의 위험성이 크다며 반대하고 있다.

우리나라에서도 디지털 유언장 서비스가 본격 실용화되어가고 있다. ㈜웰브, 모바일 디지털 유언장 서비스 '남김'은 모바일 앱을 통해 언제 어디서든 누구나 쉽게 유언을 모바일로 남길 수 있는 서비스다. 단순히 유언을 남겨 서버에 보관하는 것이 아니라 블록체인 등 4차 산업 기술 및 데이터 암호화 기술 등을 적용해 안전한 보관이 가능하다. 또한 서비스의 특성상 상속, 법률, 장례 등 유언 작성 중에 고민이 될 수 있는 전문 분야에 대해서도 전문 법무법인, 세무법인, 상소사 등과의 협업을 통해 연계 컨설팅 서비스를 함께 제공할 계획이다.

(3) 디지털 계정 관련 유언장 관리

디지털 계정 관련 유언장의 작성 시에는 먼저 온라인 및 소셜미디어 사이트의 이름을 입력한 뒤 계정정보에 아이디와 비밀번호를 입력한다. 다만 누구에게도 보이고 싶지 않거나 폐쇄를 원하는 경우는 입력하지 않아도 된다. 그리고 계정 관리 방식을 입력한다. 여기서 상속은 있는 그대로 상속하겠다는 의미이고, 기념계정은 페이스북과 같이 고인을 대상으로 한 계정으로의 전환을 원하는 것이고, 폐쇄는 계정이 더 이상 온라인에 존재하기를 원하지 않는다는 의사 표명이 된다. 계정의 파일 사본 다운로드 여부를 통해서 남겨진 사람들에게 폐쇄하여도 문제가 없다는 것을 알리거나 향후 상

유언장 어떻게 쓸 것인가

속된 계정에 문제가 생기기 전에 계정의 사본을 다운로드 받는 것을 부탁할 수도 있다.

디지털 계정 관련 유언장

홍길동을 위한 디지털 암호 정보				
1. 온라인 디지털 계정 정보				
온라인 계정	아이디, 비밀번호, 이메일 주소	원하는 계정 관리 방식 (ex: 상속, 폐쇄, 기념계정)	계정의 파일 사본 다운로드 여부	계정을 관리할 대리자
페이스북	ID: Korea PW: 12345 Korea@naver.com	기념계정	있음 (2023. 3. 23. 기준)	어머니
구글	공개하지 않음	폐쇄	있음 (2023. 3. 23. 기준)	
2. 오프라인 디지털 계정 정보				
매체 종류	비밀번호	원하는 관리 방식	계정의 파일 다운로드 여부	매체 상속 대상자
스마트폰	공개하지 않음	파기	사진, 동영상 등 온라인 클라우드 (구글 드라이브 백업)	
컴퓨터	1234	로컬디스크 D의 ○○ 폴더 상속 ○○ 폴더 파기	사진, 동영상 등 외장 하드디스크 및 온라인 클라우드 (구글 드라이브 백업)	어머니
나 홍길동이 죽으면 내 개인 디지털 기록은 위와 같이 관리해주기 바랍니다. 2023. 4. 20. 서울시 종로구 사직로 ○번지 유언자 홍길동 (인)				
※ 양식 인쇄 후 직접 서명해야 효력 있음 ★ 출처: Digital Legacy Association 홈페이지의 Social Media Will 참고 · 보완				

또한 계정을 관리할 대리자를 명확하게 하여 본인이 원하는 사람이 관리할 수 있도록 의사를 피력할 수 있다. 오프라인 디지털 기록도 어떠한 매체에 저장되어 있는지 또 비밀번호가 걸려 있다면 그 비밀번호 등을 알려줘야 대상을 쉽게 찾고 조처를 할 수 있다. 실질적인 강제력은 없지만 기록의 공개·비공개 또는 삭제를 원한다는 의사표시를 할 수 있다. 마지막으로 이러한 생각들을 몇몇 사람에게 전달하여 자료의 존재를 인지시켜 필요시에 적절히 활용될 수 있도록 하여야 한다. 현재로서는 개인이 스스로 개인 디지털 기록과 본인 사후 디지털 기록의 관리와 처리에 대해 고려하고 대비해야만 한다는 것을 알 수 있다. 그러나 개인의 사후에, 생전에 운영하던 SNS나 노트북 등 개인의 기기에 남겨진 디지털 기록을 의미 있는 일상 기록으로 보존하고, 오랜 시간이 지난 후에 개인의 소소한 일상을 후손들이 확인할 방법은 법적·제도적으로 한계가 있다.

유언장 어떻게 쓸 것인가

3. 행복한 사람들의 유언은 다르다

유서(遺書)는 자신의 사후 남겨질 사람들에게 전할 목적으로 남기는 글이다. 자신이 살아갈 날이 얼마 남지 않았다고 생각될 때 자녀들에게 남겨질 재산과 전통적 유훈, 당부의 말 등을 남긴다. 그러나 일반적으로 유서를 남겼다는 말은 자살 등 갑작스러운 죽음을 한 사람과 관련된 글이기도 하다. 이렇게 같은 유서이지만 유서를 작성하는 상황이 어떤 상황이냐에 따라 유서의 내용은 다르다. 따라서 이번 장에서는 일반적으로 행복하게 죽음을 준비하며 작성한 사람들의 유서와 갑자기 스스로 삶을 마감하며 쓴 유서의 내용의 차이점을 살펴보고자 한다.

(1) 질병, 노환 등 자연적 죽음을 앞둔 사람들의 유서 특징

경상북도 안동의 일직면 조탑리 마을 작은 오두막에 살던 한 노인이 사망했다. 그 노인이 돌아가신 후 이웃 사람들은 세 번이나 깜짝 놀랐다고 한다. 혼자 사는 외로운 노인으로 생각했는데 유명 동화작가라며 전국에서 수많은 조문객이 몰려와 눈물을 펑펑 쏟는 것을 보고 놀랐고, 평생을 지병으로 고생하며 간신히 하루하루를 사는 가난한 노인인 줄 알았는데 연간 수천만 원씩 인세 수입이 있는 사람이었다는 것에 놀랐으며, 노인이 평생 모은 10억 원이 넘는 재산과 앞으로 발생할 인세 수입 모두를 굶주리는 어린이들을 위해 써달라고 유언장에 밝혀 놓은 걸 보고 또 놀랐다는 것이다. 평소에 그는 2평 남짓한 오두막에 살며 최소한의 소비만 해서 동네 사람들이 그가 10억 원의 인세를 통장에 가진 사람일 줄은 전혀 생각할 수 없었다.

그 노인은 바로 동화작가인 권정생[2] 선생이다. 그는 평생을 가난과 병고에 시달렸지만 결혼하지 않고 혼자 살며 동화와 시를 썼다. 첫 동화『강아지똥』(1969)이 베스트셀러가 되었고,『몽실언니』(1984)로 더 많이 알려진 동화작가이다. 140편의 단편동화, 5편의 장편동화, 100편이 넘는 동시와 동요, 150여 편에 이르는 산문을 남겼다. 그는 2007년 5월에 지병으로 사망하였는데 향년 71세였다. 그는 평소 결핵 등 지병이 있던 터라 정신이 명료할 때 유언장을 미리 작성하여 남겼다. 유언장은 2005년 5월, 2007년 3월 두 번에 걸쳐 작성되었다. 유언장에는 자신의 사후 재산 관리할 사람을 세 사람 지정해 놓았으며, "인세는 어린이로 인해 생긴 것이니 그들에게 돌려줘야 한다. 굶주린 북녘 어린이들을 위해 쓰고 여력이 되면 아시아와 아프리카의 굶주린 아이들을 위해 써 달라"라고 하였다. "유언장이란 것

---

2 아동문학가, 1937. 8. 8. ~ 2007. 5. 17.

유언장 어떻게 쓸 것인가

은 아주 훌륭한 사람만 쓰는 줄 알았는데 나 같은 사람이 쓴다는 게 쑥스럽다"라고도 하였고, "유언장치고는 형식도 제대로 못 갖추고 횡설수설했지만 이건 나 권정생이 쓴 것이 분명하다"라며 자신이 쓴 것임을 유언장에도 다시 명시해 놓았다.

유언장에 쓰인 선생의 뜻에 따라 유산관리자로 지목된 이들이 '권정생 어린이문화재단'을 설립하였고, 유언을 받들어 그가 남긴 뜻을 세상에 전하고자 2010년부터 분쟁 지역 지원사업, 북한 결핵환자 돕기, 북한 어린이 지원사업, 북한 온성군 급식 지원 등 가난하고 어려움에 처한 어린이를 돕는 지원사업을 하고 있다. 선생은 일제강점기에 일본에서 태어나 2차 대전을 겪었으며, 해방 직후 귀국하여 경북 안동에 정착해서 살며 한국전쟁을 겪었다. "제발 그만 싸우고 그만 미워하고 따뜻하게 통일이 되어 함께 살도록 해 주십시오"라며 유언장에 작성한 내용을 보면, 전쟁과 폭력적인 상황이 삶을 얼마나 파괴시키는지 생생하게 목격했음을 짐작할 수 있다. 평생 가난, 병고와 외로움은 그 반대편에 존재함 직한 평화로운 세상을 꿈꾸게 한 근원이 되었던 듯싶다. 그는 향년 71세로 삶을 마치고 이 세상을 떠났지만 그의 뜻은 여전히 세상을 밝히며 이어지고 있다. 그가 남긴 유산은 그의 평소 가치관에 따라 가난하고 어려운 어린이들을 위해서 쓰이고 있으므로 그는 아직 이 세상에 살아 있는 것이다. 자신만을 위하는 삶이 아니라 굶주리고 가난한 북한 어린이를 비롯해 중동, 아프리카, 티벳 등의 가난한 나라의 아이들을 걱정하며 기도하기를 청했던 그 사랑의 정신이 이 땅을 따뜻하게 만들고 있다.

그가 친필로 쓴 유언장 주요 내용은 다음과 같다.

유언장

내가 죽은 뒤에 다음 세 사람에게 부탁하노라.

1. 최완택 목사 - 민들레 교회

    이 사람은 술을 마시고 돼지 죽통에 오줌을 눈 적은 있지만 심성이 착한 사람이다.

2. 정호경 신부 - 봉화군 명호면 비나리

    이 사람은 진소리가 심하지만 신부이고 정직하기 때문에 믿을 만하다.

3. 박연철 변호사

    이 사람은 민주 변호사로 알려졌지만 어려운 사람과 함께 살려고 애쓰는 보통 사람이다. 우리 집에도 두세 번쯤 다녀갔다. 나는 대접 한번 못했다.

위 세 사람은 내가 쓴 모든 저작물을 함께 잘 관리해 주기를 바란다. 내가 쓴 모든 책은 주로 어린이들이 사서 읽는 것이니 여기서 나오는 인세를 어린이에게 되돌려 주는 것이 마땅할 것이다. (후략)

유 언 장

내가 죽은 뒤에 다음 세 사람에게
부탁하노라.

1. 최 완택 목사 - 민들레 교회
이 사람은 술을 마시고 돼지 죽통
에 오줌을 눈 적은 있지만 심성이 착
한 사람이다.

2. 정 호경 신부 봉화군 명호면 비나리
이 사람은 잔소리가 심하지만 신부
이고 정직하기 때문에 믿을만하다.

3. 박 연철 변호사
이 사람은 민족 변호사로 알려졌지
만 어려운 사람과 함께 살려고 애쓰
는 보통 사람이다.

우리 집에도 두세 번쯤 다녀 갔다.
나는 대접 한 번 못했다.

위 세 사람은 내가 쓴 모든 저작물을
함께 잘 관리해 주기를 바란다. 내가
쓴 모든 책은 주로 어린이들이 사서 읽
는 것이니 여기서 나오는 인세를 어린이
에게 되돌려 주는 것이 마땅할 것이다.

만약에 관리하기 귀찮으면 한겨레
신문사에서 하고 있는 남북어린이 어깨
동무에 맡기면 된다. 맡겨 놓고 뒤에서
보살피면 될 것이다.

유언장이란 것은 아주 훌륭한 사람만
쓰는 줄 알았는데 나 같은 사람도 이렇
게 유언을 한다는 게 쑥스럽다.

앞으로 언제 죽을지는 모르지만 좀 낭
만적으로 죽었으면 좋겠다. 하지만
나도 전에 우리 집 개가 죽었을 때처럼
혈떡 혈떡 거리다가 숨이 꼴깍 넘어가
겠지, 눈은 감은 듯 뜬 듯하고 입은 멍청
하게 반쯤 벌리고 바보 같이 죽을 것이다.
요즘 와서 화를 잘 내는걸 보니 천사
처럼 죽는 것은 글렀다고 본다.

그러니 숨이 지는 대로 화장을 해서
여기 저기 뿌려 주기 바란다.

유언장 치고는 형식도 제대로 못 갖추
고 횡설수설 했지만 이건 나 최정생
이 쓴 것이 분명하다.

죽으면 아픈 것도 슬픈 것도 외로운 것도

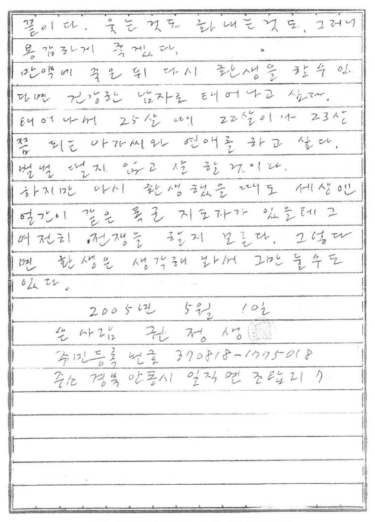

끝이다. 웃는 것도 화내는 것도, 그러니
용감하게 죽겠다.

만약에 죽은 뒤 다시 환생을 한수 있
다면 건강한 남자로 태어나고 싶다.
태어나서 25살 때 22살이나 23살
쯤 되는 아가씨와 연애를 하고 싶다.
별별 딸지 않고 산 할것이다.
하지만 다시 환생 했을 때도 세상엔
여전히 골은 룡군 지도자가 있을테고 그
여전히 전쟁을 할지 모른다. 그렇다
면 환생을 생각해 봐서 그만 둘수도
있다.

2005년 5월 1일
쓴 사람 권 정 생 [印]
주민등록 번호 370818-1775018
주소 경북 안동시 일직면 조탑리 7

권정생 선생의 유언장(출처: 권정생 어린이 문학재단)

(2) 자살 등 자발적 죽음을 앞둔 사람들의 유서 특징

자발적인 죽음이라고 하면 등 일반적으로 자살을 말하는데 우리가 흔히 언론 보도나 주변 사람을 통하여 그 내용을 접하게된다. 자살의 동기나 방법, 도구, 구체적인 장소 등을 보도하면서 비슷한 처지의 사람들에게 자살을 부추기는 파급 효과가 컸다. 더욱이 일반 대중들에게 인기 있는 연예인의 자살을 보도한 후 모방 자살이 늘어나는 일명 베르테르 효과가 작용했다. 그러자 2018년 '자살보도 권고기준 2.0'이 만들어지게 되었고, 기사 제목에 '자살'이나 자살을 의미하는 단어 대신 '사망', '숨지다' 등의 표현을 사용하게 하였다. 또한 구체적인 자살 방법이나 사진, 동영상을 보도자료로 사용하지 않도록 지침을 마련하였다. 이러한 유명인의 자살 보도 기준을 엄격하게 적용하면서 자살 보도 방식이 변화하였고 모방 자살을 줄일 수 있었다. 자살 보도 방식을 바꾼 언론의 권고기준은 1997년 IMF 이후 자살자가 증가하고 있는 우리 사회에 긴요한 일이었으며 마땅히 환영할 일이다. 여하튼 이러한 자발적인 죽음을 맞이한 사람들 중 유서를 남기기도 하는데 일반적인 죽음을 맞이한 사람들의 유서와는 다른 특징이 있다. 그동안 진행되어 온 자살자들의 유서에 관한 연구를 중심으로 비자발적 죽음을 앞둔 사람들의 유서 특징을 살펴보고자 한다.

자살자의 대다수는 유서를 남기지 않는다고 한다. 그 이유는 자살을 계획하고 실행을 앞둔 사람들은 인지 억제 현상을 경험하는데, 즉 자살 전에 유서를 작성할 만한 에너지와 사고 여유가 없다는 뜻이다. 자살을 결심한 이후 심리적 정리기에 몇몇 사람들은 유서를 작성하기도 하는데 대부분 사무적이고 건조한 말투이며, 당장 눈앞의 구체적인 생각, 목표, 감각, 행동에만 집중하는 내용이 많았다. 유서를 남긴 사람들의 사회경제적 특징을 종합해 보면 연령이 낮을수록 유서를 남기는 비율이 상대적으로 높았으며, 직업별로는 사무, 판매, 공무원, 행정직 등 비교적 안정적인 직업에 종사하는 직업군과 학생 집단이 유서를 남기는 비율이 상대적으로 높았다. 유서를 남기는 자살자들의 특징은 소통 의지로서 메시지를 남기는데 자신의 행위를 설명하기도 하고, 이루지 못한 욕구와 다른 사람에 대한 애정 또는 증오의 감정을 드러내기도 한다. 자살자는 유서를 통해 자살을 선택하기까지 자신이 느낀 괴로움과 고통을 토로하기도 하고, 주변 사람에게 사랑과 애정, 고마움의 감정을 표시하기도 하며, 때로는 그 의미를 제대로 알기 어려운 추상적인 말이나 원한, 미움, 원망, 저주를 표현하기도 한다. 그러나 유서의 형식과 틀은 사례에 따라 다양하게 나타나기 때문에 일률적인 틀로 분석할 수는 없다. 따로 준비한 편지지에 정서로 정확하게 기록한 유서도 있지만 주변의 달력이나 메모지를 찢어서 흘려 쓴 사례도 많았다. 내용도 단순히 한 줄짜리 내용에서부터 장문에 이르는 것까지 다양했다.

김지연의 연구에 의하면 분석 유서 315건 중 가족이나 사랑하는 사람에게 남기는 작별 인사 그리고 신체 처리나 재산 처리 등에 관한 당부의 내용만 구성된 것이 144개(46%)이고, 환각, 정신지체 등의 원인으로 독해가 불가능한 유서가 6개(2%)였다. 죽음을 앞둔 상황에 대한 인식이나 감정상태가 표현된 유서는 154개(49%)였다. 이들 유서의 내용을 분석한 결과 가장 두드러진 특징은 자신의 상황에 대한 위기의식이 드러난다는 점이다. 이를 신체적, 심리적, 관계적, 경제적 위기로 나누어 분석하였다. 이러한 위기의식 중에 '관계의 위기'가 77%로 가장 높았고, 심리적 위기 60%, 경제적 문제 60%, 신체적 위기 25% 순으로 높았다. 첫째 신체적 위기는 육체적, 정신적 질병이나 고통을 호소하는 내용이다. 질병으로 인한 장기간의 고통, 통증, 그리고 말기암과 같은 시한부의 경우이다. 신체 위기를 호소하는 경우는 청장년층보다는 중년과 노년이 상대적으로 많았다. 두 번째는 심리적 위기이다. 심리적 위기는 경제적 위기와 신체적 위기 그리고 관계적 위기의 결과로 나타나는데, 우울, 불안, 외로움, 압박감, 죄책감, 절망, 무력감 등 심리적 고통이 구체적 내용이다. 세 번째는 관계의 위기이다. 가족이나 애인과의 애정 문제, 실연, 외도, 이혼, 사별과 같은 위기들이다. 네 번째는 경제적 위기이다. 사업 실패로 인한 파산이나 카드빚, 실직, 빚보증이나 사기를 당한 경우, 생활고 등이다.

박아르마, 권온 외 2인의 연구는 2000년대 이후 언론에 공개된 유서를 분석하고 죽음을 실행한 자 혹은 죽음을 시도하거나 죽음을 맞이한 자의 메시지를 파악하여 유서를 분석한 결과를 정리하였다. 유서 작성자의 연령별로 청(소)년기(13세~34세), 중년기(35세~49세), 장년기(50세~64세), 노년기(65세 이상)로 구분하고, 신체적 측면, 정신적 측면, 사회·경제적 측면으로 분석하였다. 공개된 유서에는 각각의 부정적 정황 혹은 메시지가 담겨있다. 유서를 작성자의 성별을 기준으로 나누어 보면, 남성 작성자가 남긴 유서에는 사회·경제적 측면의 부정적 요인이 빈번하게 나타나지만 신체적 측면이나 정신적 측면의 부정적 요인 역시 상당 수준으로 드러났다. 남성에 비해 상대적으로 노출 빈도가 제한적인 여성 작성자의 유서는 청년기 여성 작성자의 유서에는 사회·경제적 측면의 문제점이 강조되어 있고, 노년기 여성 작성자의 유서는 정신적 측면으로 강조되는 것으로 나타났다. 유서의 연령별 특성을 살펴보면, 10대의 유서는 학교 폭력에서 기인한 신체적 측면과 집단 따돌림에서 비롯된 사회·경제적 측면과 관련되어 있는 것으로 나타났고. 20대의 유서는 경제 문제, 인간관계, 의사소통 등에서 문제가 발생한 사회·경제적 측면과, 자기수용감, 인생관, 웰다잉 등에서 문제가 발생한 정신적 측면과 관련이 있는 것으로 나타났다. 30대의 유서는 인간관계, 의사소통, 경제력 등에서 문제가 발생한 사회·경제적 측면과 관련이 있었으며 사회·경제적 측면에서 부정적 요인이 심화되었다는 경향성이 눈에 띄게 나타났다. 40대의 유서는 인간관계, 의사소통, 자기계발 및 목표추구, 경제력 등에서 문제가 발생한 사회·경제적 측면과 관련이 있고 자기수용감, 자립성, 인생관, 자기계발 및 목표추구 등에서 문제가 발생한 정신적 측면과 연결되어 있는 것으로 나타났다. 50대의 유서는 신체활동 및 운동, 안전과 환경 등에서 문제가 발생한 신체적 측면과 자기수용감, 자립성, 웰다잉 등에서 문제가 드러난 정신적 측면과 연결되었으며, 경제 문제, 인간관계, 의사소통 등에서 문제가 나타난 사회·경제적 측면으로 나타났다. 60대 이상 연령층의 유서는 인간관계, 의사소통, 사회적 지지 등에서 문제가 발생한 사회·경제적 측면과 자녀에게 남기는 유언의 성격을 갖는 인생관이 들어 있는 정신적 측면과 관련이 있는 것으로 나타났다.

이상과 같이 살펴본 결과 각각의 유서에는 그것을 남긴 사람의 다양한 삶의 양상이 기록되어 있음을 알 수 있다. 우리가 유서를 남긴 이들의 삶의 유형을 살펴봄으로써 유서에서 노출되는 불안, 슬픔, 우울, 절망, 죽음(자살) 등 부정적인 요인을 극복할 수 있다면 우리는 웰에이징의 가치를 추구하고 공유하는 삶에 조금 더 가까이 다가설 수 있을 것이다.

4. 역사에 나타난 유언

(1) 선비들의 자찬묘지명

한국 역사에서 전해지는 유서 가운데 가장 강한 큰 효력을 남긴 것은 고려 태조가 남긴 '훈요십조(訓要十條)'이다. 이 훈요는 이후 수백 년간 고려 국정 운영의 기본이 되었다. 오늘날 전해지는 조선시대의 유서 가운데 남성 유서는 1398년 박익(朴翊, 1332~1398)의 유서를 시작으로 19세기까지 고르게 분포한다. 조선 말기에 황현(黃玹, 1855~1910)은 조선 망국을 한탄하면서 유서를 남기고 자결했다. 여성이 남긴 유서는 열녀전(列女傳) 등에 요약되어 전해지는 것까지 포함하면 48편 정도가 된다. 대부분이 18세기 이후의 작품이고, 현재 남아 있는 여성 유서의 70%는 자결한 여성의 유서로 조선시대 사회문화를 보여준다. 남성 유서는 편지 형식 외에도 잡저 형식에 한문으로 기록된 것이 많았으며, 여성의 유서는 대체로 편지 형식에 한글로 기록했다. 남성 유서는 당사자에게 직접 전달하였으나 여성 유서는 사후에 그 주변에서 우연히 발견되는 경우가 많았다.

한국인의 유서 가운데 주목할 만한 것으로, 조선 선비가 남긴 유훈(遺訓)이나 자찬묘지명(自撰墓誌銘)이라는 품격 높은 유서가 있다. 조선 선비들은 죽은 후에 자손들이 당대의 명문가나 명망가의 손을 빌려 묘지명을 지었다.[3] 자신이 지은 묘비명을 자찬묘지명이라고 한다. 자찬(自撰)이란 스스로 지었다는 뜻이다. 자신이 자신의 묘비명을 지은 것이다. 자신이 직접 쓴 묘지명으로, 오늘날 유서에 해당한다. 훌륭한 유언장은 그것을 통해 얻는 깊은 사유와 성찰, 삶에 대한 통찰을 주며 탁월한 문장을 만나는 즐거움을 주기도 한다. 유언장의 문장 그 자체가 주는 큰 감동과 울림은 유언장을 읽는 묘미이기도 하다. 오늘날 유서를 쓰면서 진실된 자신의 생각과 가정의 안정과 화목, 가치관과 조언 등을 적듯이 조선시대 묘지명은 기록한 인물과 그의 가족에게 자랑스럽고 도움이 되는 기록을 적었다.

선비들은 유훈이나 자찬묘지명을 통해 자녀에게 자신의 일생을 정리하고 자신의 뜻을 전했다. 오늘날 현대인이 쓰는 유서는 자기 삶을 간략하게 기술하고 배우자·자식·손자녀들에게 감사하거나 미안하다고 하거나 가족들에게 남길 교훈을 쓴다. 오늘날 유서를 쓰면서 진실된 자신의 생각과 가정의 안정과 화목, 가치관과 조언 등을 적듯이 조선시대 묘지명은 기록한 인물과 그의 가족에게 자랑스럽고 도움이 되는 기록을 적었다. 또한 조선 선비들은 후손에게 전하

---

3 묘지명이란 묘지(墓誌)와 이에 대한 명문(銘文)으로서 죽은 이의 덕(德)과 공로를 글로 새기어 후세에 영원히 전하는 글이다. 또는 묘갈명이라고도 하는데, 묘비(墓碑)에 새겨진 죽은 사람의 행적과 인적 사항에 대한 글이다. 그 내용은 죽은 이의 성씨와 고향, 벼슬한 내력 등을 기록한다. 이것을 '지(誌)'라고 하고, 죽은 이를 칭송하는 축약된 글을 적은 것을 '명(銘)'이라고 한다. 보통 정방형의 두 돌에 나뉘어 새긴 뒤, 포개어 무덤 속에 넣는다. 방부원수(方趺圓首)를 갈(碣)이라 하고, 네모진 것은 비(碑)라 하였다. 묘비는 죽은 이의 관직·본관·성명·행적, 자손, 생몰연월일, 장지 등을 기록한다. 요즘은 대부분 죽은 이의 본관·성명, 생몰연월일, 자손의 이름만 기록한다.

유언장 어떻게 쓸 것인가

는 훈계 혹은 경계하는 말을 남기는 것이 일반적이었다. 이것을 유훈(遺訓) 또는 유계(遺誡)라고 했다.

조선시대의 묘지명은 대부분 타인이 쓴 것인데, 자신이 지은 묘지명도 많이 전한다. 선비들은 자신이 스스로 자신의 묘지명을 짓기도 했다. 자찬묘지명 가운데 유명한 것은 퇴계(退溪) 이황(李滉, 1501~1570)이 지은 것과 다산(茶山) 정약용(丁若鏞, 1762~1836)이 지은 것이 있고, 이외에도 소재(穌齋) 노수신(盧守愼, 1515~1590)의 자찬묘지명 '암실선생자명(暗室先生自銘): 대의가 분명하기에 스스로 믿어 부끄럼이 없도다' 등 많은 선비의 자찬묘지명이 전한다. 어떤 선비들은 자신의 노년기에 유명인들의 유언을 수집하기도 하고 자신의 묘비 내용을 쓰고 때로는 몇 번이나 고쳐 쓰기도 했다. 자신이 죽은 뒤에 자신의 묘지명을 타인에게 쓰게 하는 묘지명이 아니라 자신이 살아 있을 때 자신이 직접 쓰기도 했다. 자신이 직접 쓰는 묘지명은 자신의 인생을 타자화된 시각으로 바라볼 수 있는 기회이므로 자기 삶을 점검하는 좋은 방법이다. 오늘날 입관 체험을 하고 유언장을 작성하는 기회를 가지기도 하는 것은 이러한 의미가 있다.

이황은 자신의 묘갈명(墓碣銘)의 명문(銘文)을 다음과 같이 스스로 짓고 썼다.

태어나서는 크게 어리석었고 / 生而大癡

장성하여서는 흠이 많았네 / 壯而多疾

중년에는 어찌 학문을 좋아했으며 / 中何嗜學

말년에는 어찌 벼슬에 올랐던고 / 晚何叨爵

학문은 구할수록 멀기만 하고 / 學求猶邈

관작은 사양할수록 몸에 얽히네 / 爵辭愈嬰

세상에 진출하면 실패가 많았고 / 進行之跆

물러나 은둔하면 올발랐네 / 退藏之貞

국가의 은혜에 깊이 부끄럽고 / 深慙國恩

성인의 말씀이 참으로 두려워라 / 亶畏聖言

산은 높이 솟아 있고 / 有山嶷嶷

물은 끊임없이 흐르는데 / 有水源源

선비의 옷을 입고 한가로이 지내니 / 婆娑初服

뭇 비방에서 벗어났네 / 脫略衆訕

내 그리워하는 분 저 멀리 있어 볼 수 없으니 / 我懷伊阻

나의 패옥 누가 구경해 주리 / 我佩誰玩

내 고인을 생각하니 / 我思故人

실로 내 마음과 맞는구나 / 實獲我心

어찌 후세 사람들이 / 寧知來世

지금의 내 마음을 모른다 하랴 / 不獲今兮

근심스러운 가운데에 낙이 있고 / 憂中有樂

즐거운 가운데에 근심이 있네 / 樂中有憂

조화를 타고 돌아가니 / 乘化歸盡

다시 무엇을 구하리 / 復何求兮

　　고봉(高峯) 기대승(奇大升, 1527~1572)이 퇴계의 묘지를 지었는데 다음과 같다.

　　선생의 휘는 황(滉)이요, 자는 경호(景浩)다. 예안(禮安)에 살았고 선대는 진보(眞寶) 사람이다. 어려서부터 학문을 좋아하였고, 벼슬을 좋아하지 않았다. 나이 70에 한가로이 은거하였다. 아! 선생은 벼슬이 높았으나 스스로 구한 것 아니요, 학문에 힘썼으나 스스로 자랑하지 않았다. 머리 숙여 부지런히 하여 거의 허물이 없었다. 옛적 선현과 비교하니 누구와 낫고 못한가. 산이 평지 되고, 돌이 썩는다 하더라도 선생의 이름은 천지와 함께 오래 같을 것을 나는 아노라. 선생의 옷과 신발이 이 언덕에 묻혀 있으니, 천추만세에 혹시라도 짓밟음이 없을지어다.

이황이 지은 자찬묘지명과 거의 같은 내용이다. 자신에 대한 평가와 타인의 평가가 같으니 사실적으로 잘 서술한 것이다. 이황은 묘갈명에 자신의 학문, 벼슬길, 삶의 태도 등을 간략히 적었다. 그 가운데 있는 "근심 가운데 즐거움이 있고 즐거움 가운데 근심이 있다(憂中有樂, 樂中有憂)"라는 여덟 자의 글에 그의 인생관이 담겨 있다. 또한 마지막 대목에 나오는 "조화를 타고 돌아가니 다시 무엇을 구하리(乘化歸盡 復何求兮)"라는 8자 구절에 이황의 생사관이 명료하게 드러난다. 이처럼 이황은 묘비를 통해 자신의 인생을 정리하고 후손에게 마지막 가르침을 내렸다.

노수신도 자찬묘지명을 지었다. 그는 일찍 과거에 급제하여 관직에 나갔으나, 정쟁에 휘말려 전라도 진도에서 19년 동안 유배생활을 하였다. 유배에서 돌아와 관직에 복귀하였다. 1586년 봄 4월에 상소하여 사직을 청하였으나 윤허받지 못하였고, 겨울에 십청정(十靑亭)에 편액(扁額)을 달고서 자명(自銘)을 지었다. 노수신은 1590년(선조 23)에 향년 76세로 병사하였고, 자신이 묘지명에 쓴 대로 고향 화령(化寧)에 안장되었으며 장례 때 자신이 지은 묘지명(墓誌銘)을 묘에 묻었다. 허목이 지은 노수신의 신도비명(神道碑銘)의 명(銘)은 다음과 같다.

도덕을 겸비하고 학문을 널리 닦았으니 / 道德博文

인이 되고 / 仁也

나라를 예로써 다스렸으니 / 爲國以禮

경이 되고 / 敬也

할 말을 숨김없이 다 했으니 / 盡言無隱

충이 되고 / 忠也

곧은 의리로써 정도를 지켰으니 / 守經直義

정이 된다 / 正也

조선시대 한문 4대가의 한 사람인 택당(澤堂) 이식(李植, 1584~1647)은 장수하여 자찬묘지명을 두 번이나 지었다. 60세에 자찬묘지명을 한 번 지었고, 그 뒤에 장수하여 다시 속편을 지었다. 이식이 지은 자찬묘지명도 일반적인 묘지명과 마찬가지로 집안 내력, 자신이 공부한 내력, 관직에 있으면서 행한 이력 등을 적었으며 자신이 죽고 난 뒤에 장례 방법과 후손 등을 적었다.

서계(西溪) 박세당(朴世堂, 1629~1703)도 자신의 묘표(墓表: 무덤 앞에 세우는 푯돌)를 썼다. 박세당은 이렇게 썼다.

차라리 외로이 살면서 세상에 구차하게 부합하지 않을지언정 '이 세상에 태어났으니 이 세상 사람답게 살면서 남들로부터 좋은

유언장 어떻게 쓸 것인가

사람이라고 여겨지면 그걸로 옳다'라고 하는 자에겐 끝내 머리 숙이지 않겠으며 마음으로 항복하지 않겠다고 여겼다.

18세기에 성호(星湖) 이익(李瀷, 1681~1763)의 제자로 정조~순조 시기에 활동한 윤기(尹愭, 1741~1826)는 다음과 같이 유명한 자찬묘지명의 역사를 조사하여 기록했다.

> 도연명(陶淵明)은 직접 만사(挽詞)와 '오류선생전(五柳先生傳)'을 지었고, 배도(裴度)는 직접 화상찬(畫像贊)을 지었고, 백낙천(白樂天)은 직접 '취음선생전(醉吟先生傳)'과 묘지명(墓志銘)을 지었고, 소강절(邵康節)은 직접 '무명공전(無名公傳)'을 지었고, 장괴애(張乖崖)는 직접 화상찬(畫像贊)을 지었고, 진요좌(陳堯佐)는 직접 묘지(墓誌)를 지었으며, 우리나라의 노수신(盧守愼)도 직접 지문(誌文)을 지었다. 내가 이를 사모하여 일찍이 '무명자전(無名子傳)'을 지었는데, 또 지문(誌文)을 지으려고 하다가 늙도록 곤궁하게 살며 떠돌아다녀서 죽을 곳도 모를 뿐 아니라, 죽어도 장사 지낼 땅이 없어 글이 있다 하더라도 쓸데없을지도 모른다는 생각이 들었기 때문에, 마침내 그만두고 더는 마음에 두지 않았다. 그러나 쓰고 안 쓰고는 말할 것이 못 되며, 만일 자손에 의해 보관된다면 묘(墓)와 집이 무슨 차이가 있겠는가. 장차 한번 써볼 생각이다.

자신도 묘지문을 직접 지을 것을 고심하는 모습이 드러난다. 그는 한미한 출신으로 33세가 되어서야 비로소 생원시에 합격하였고, 그 후에도 20년간이나 성균관 유생으로 지냈다. 윤기는 여러 차례 과거에 낙방하였고, 52세의 나이에 비로소 문과에 급제하였다. 그 후에도 미관말직을 전전했다. 57세에 남포 현감에 임명되었다가 3개월 만에 구속 수감되고, 60세에 황산도 찰방에 임명되었다가 1년 3개월 만에 파직되었다. 그러한 그가 스스로 자신의 묘지명을 짓기로 한 것이다.

(2) 다산 정약용의 자찬묘지명

다산(茶山) 정약용(丁若鏞, 1762~1836)은 61세(1822년, 순조 22)에 자신의 회갑을 맞아 자찬묘지명을 지었다. 정약용은 유배지 강진에서 돌아온 4년 뒤에 맞은 회갑 때 자신의 무덤에 넣을 소략한 광중본과 문집에 실을 상세한 집중본 두 가지를 직접 지었다.[4] 정약용은 자찬묘지명에 60년 동안 살아온 자신의 전 생애를 회고했다. 정약용이 지은 자찬묘지명의 내용도 일반적인 묘지명과 같이 자신이 누구 자식이며, 조상이 누구라는 내용을 넣었다. 그리고 벼슬에 나간 과정과 벼슬 생활을 적었다. 정약용은 유배 가게 된 연유와 그곳에서 책을 읽고 책을 쓴 내용도 자세하게 기록했다. 무슨 책을 썼고 그 내용도 자세하게 기술했다. 집중본은 12,316자로 쓴 대작이다. 자신의

---

4 정약용이 지은 자찬묘지명은 관에 넣어서 묻는 묘지명과 문집에 따로 실어 놓은 묘지명이 있다. 정약용은 자세하게 적어 문집에 실은 '집중본(集中本)'과 간략히 적어 무덤에 묻은 '광중본(壙中本)' 두 가지 자찬묘지명을 모두 직접 지었다.

인생을 책 한 권 분량으로 지은 것이다. 광중본은 1,015자로 간략히 요약한 것이다. 광중본 자찬묘지명을 읽어 본다.

이것은 열수(洌水) 정용(丁鏞)의 묘이다. 본명을 약용(若鏞), 자를 미용(美庸), 호를 사암(俟菴)이라 한다. 아버지의 휘(諱)는 재원(載遠)이니, 음직(蔭職)으로 진주 목사(晉州牧使)에 이르렀다. 어머니 숙인(淑人)은 해남 윤씨(海南 尹氏)이다. 영종(英宗) 임오년(1762, 영조 38) 6월 16일에 용(鏞)을 열수(洌水: 한강의 별칭) 가의 마현리(馬峴里)에서 낳았다.

용은 어려서 매우 총명하였고 자라서는 학문을 좋아하였다. 22세(1783, 정조 7)에 경의(經義: 과문체의 하나)로 생원이 되고, 28세(1789, 정조 13)에 갑과(甲科) 제2인으로 합격하였다. 곧 한림(翰林)에 선입(選入)되어 예문관 검열(檢閱)이 되고 승진하여 사헌부 지평(持平), 사간원 정언(正言), 홍문관 수찬(修撰)과 교리(校理), 성균관 직강(直講), 비변사 낭관(備邊司 郎官)을 지내고, 외직으로 나가 경기 암행어사가 되었다. 사간(司諫)에서 발탁되어 통정대부 승정원 동부승지(同副承旨)에 제수되고, 우부승지를 거쳐 좌부승지에 이르고 병조 참의(兵曹參議)가 되었다. 기미년(1799, 정조 23)에 다시 내직으로 들어와서 승지를 거쳐 형조 참의가 되어 원옥(冤獄)을 다스렸다. 경신년(1800, 정조 24) 6월에 '한서선(漢書選)'을 하사받았다. 이달에 정조대왕이 승하하니 이에 화(禍)가 일어났다.[5]

---

5 1800년 정조가 사망하고 순조가 즉위하여 수렴청정하게 된 정순왕후(貞純王后) 김씨는 정조 때 눌려 지내던 벽파(僻派)와 손을 잡고 시파(時派)를 숙청하였다. 시파로서 천

15세(1776, 영조 52)에 풍산 홍씨(豊山 洪氏)에게 장가드니 무승지(武承旨) 화보(和輔)의 딸이다. 장가들고 나서 서울에 노닐 때 성호(星湖) 이 선생 익(李 先生 瀷)의 학행이 순수하고 독실함을 듣고 이가환(李家煥)·이승훈(李承薰) 등을 따라 그의 유저(遺著)를 보게 되어 이로부터 경적(經籍)에 마음을 두었다.

신유년(1801, 순조 1) 봄에 대신(臺臣) 민명혁(閔命赫) 등이 서교(西敎)의 일로써 발계(發啓: 임금이 재가하거나 의금부가 처결한 죄인에 내해 사진 원 ·기헌부에서 죄명을 갖추어서 아뢰는 일)하여, 이가환·이승훈 등과 함께 하옥되었다. 얼마 뒤에 두 형 약전(若銓)과 약종(若鍾)도 용(鏞)과 함께 체포되어 하나는 죽고 둘은 살았다.[6] 모든 대신(大臣)들이 백방(白放: 무죄로 판명되어 놓아 줌)의 의(議)를 올렸으나 오직 서용보(徐龍輔)만이 불가함을 고집하여, 용(鏞)은 장기현(長鬐縣)으로 정배(定配)되고, 전(銓)은 신지도(薪智島)로 정배되었다. 가을에 역적 황사영(黃嗣永)이 체포되자 용은 강진현(康津縣)으로, 전은 흑산도(黑山島)로 정배되었다.

용(鏞)이 적소(謫所)에 있은 지 18년 동안에 경전(經典)에 전심하여 시·서·예·악·역·춘추 및 사서(四書)의 제설(諸說)에 대해 저술한 것이 모두 2백 30권이니, 정밀히 연구하고 오묘하게 깨쳐서 성인의 본지(本旨)를 많이 얻었으며, 시문(詩文)을 엮은 것이 모두 70권이니 조정에 있을 때의 작품이 많았다. 국가의 전장(典章) 및 목민(牧民)·안옥(按獄)·무비(武備)·강역(疆域)의 일과,

---

주교와 관련되어 정약용 형제와 이승훈, 이가환 등이 유배 또는 사형되었다.

6 정약용은 천주교 금법에 연루되어 형 약전·약종과 함께 체포되어 정약종은 처형되고 약전과 약용은 정배되었다.

유언장 어떻게 쓸 것인가

의악(醫藥)·문자(文字)의 분변 등을 잡찬(雜纂)한 것이 거의 2백 권이니, 모두 성인의 경(經)에 근본하였으되 시의(時宜)에 적합하도록 힘썼다. 이것이 없어지지 않으면, 혹 채용할 사람이 있을 것이다.

나의 사람됨이 선(善)을 즐기고 옛것을 좋아하며 행위에 과단성이 있었는데 마침내 이 때문에 화를 당하였으니 운명이다. 평생에 죄가 하도 많아 허물과 뉘우침이 마음속에 쌓였었다. 금년에 이르러 임오년(1822, 순조 22)을 다시 만나니 세상에서 이른바 회갑으로, 다시 태어난 듯한 느낌이다. 마침내 긴요하지 않은 일을 씻어버리고 밤낮으로 성찰하여 하늘이 부여한 본성을 회복한다면 지금부터 죽을 때까지는 거의 어그러짐이 없을 것이라 생각한다.

홍씨(洪氏: 자신의 부인)는 6남 3녀를 낳았는데 3분의 2가 요사(夭死)하였고 오직 2남 1녀만 성장하였다. 아들은 학연(學淵)과 학유(學游)이고, 딸은 윤창모(尹昌謨)에게 출가하였다. 집 동산의 북쪽 언덕에 자좌오향(子坐午向: 자방子方을 등지고 오방午方을 말함. 곧 정남방으로 앉음)으로 자리를 잡으니, 평소에 바라던 대로였다.

명(銘)은 다음과 같다.

임금의 총애 입어 / 荷主之寵

근밀(近密)에 들어갔네 / 入居宥密

임금의 복심(腹心) 되어 / 爲之腹心

조석으로 모셨도다 / 朝夕以昵

하늘의 총애 입어 / 荷天之寵

우충(愚衷)이 열리었네 / 牖其愚衷

육경(六經)을 정연(精研)하여 / 精研六經

미묘한 이치를 깨치고 통했도다 / 妙解微通

소인이 치성해지니 / 憸人旣張

하늘이 너를 옥성(玉成)시켰네 / 天用玉汝

거두어 간직하고 / 斂而藏之

장차 훨훨 노니런다/將用矯矯然遐擧

　

　다산의 자찬묘지명은 자찬묘지명의 정수를 보여준다. 이처럼 한국의 선비들은 자신의 죽음을 성찰하면서 오늘날에도 귀감이 될 좋은 유언장을 많이 남겼다. 특히 조선 선비들이 자신이 직접 쓴 묘지명인 자찬묘지명을 통하여 자신의 일생과 유훈을 정리한 품격 높은 유언을 남겼다. 자찬묘지명은 오늘날에도 우리가 자기 삶에 성찰을 주는 좋은 문화전통이라고 생각된다. 과거의 선비들이 유훈이나 자찬묘지명을 직접 지어 후세에 남겼듯이, 오늘날 우리도 자신의 일생을 정리하고 자신의 뜻을 전하는 자찬묘지명을 남기는 전통을 이어 가는 것이 자신의 인생을 잘 마무리하기 위해서나, 가정의 화목을 위해 좋을 듯하다.

　　　　　　　　　　　　　　　　　유언장 어떻게 쓸 것인가

제3장

나는 이렇게 유언장을 썼다

HOW TO WRITE
a WILL

1. 가족과 사회에 남기는 유언장

유언장을 쓰는 순간온 진실과 마주하여 가장 간곡하고 절실한 심정이 되어 나를 온전히 드러내는 시간이다. 아무리 정신적으로 강하고 의연한 사람이라도 죽음의 순간만큼은 두려움에 사로잡히고 냉정함을 찾기 어려운데, 그러한 절박함이 오히려 진실함을 담보로 자신을 솔직해지게 만들고 남은 사람들과 진실한 대화를 해야겠다는 마음을 불러일으키기 때문이다. 사회적 명사나 지도자를 제외한 대부분의 사람이 쓰는 유언장은 배우자나 자녀가 대상일 것이다. 가족에게 남기는 유언장은 남은 사람들에 대한 석별의 정, 서로에게 서운했던 일, 특히 부모 입장이라면 자녀에게 부탁하는 삶의 자세, 재산의 분배에 관한 것, 장례의 절차와 장지를 정하는 일 등을 담기 마련이다. 3장에서는 우리와 다를 바 없는 일반인과 정치인 등 다양한 직업군에서 자기 삶을 충실하게 산 사람들이 남긴 유언장의 내용을 소개하고 그들이 남긴 말에는 어떤 특징이 있는지 살펴보기로 한다.

첫 번째 소개할 사례는 사회 교육 분야와 죽음 교육에서 많은 강연을 하여 우리 사회의 준비하는 삶과 관련한 평생학습에 크게 기여하고 있는 변성식 선생님이 자녀에게 남긴 유언장이다. 변성식 선생님은 대학과 정부기관, 사회복지기관 등에서 활발히 강연 활동을 하고 있는데, 특히 '죽음 교육지도자' 자격을 갖추고 웰다잉과 웰에이징, 우울증과 자살, 장례문화 영역에서 특화된 교육을 하고 있다. 그런 점에서 그가 자녀에게 남기는 유언장에는 죽음에 대한 이해와 남은 사람에 대한 위로, 유언 작성자의 자기반성은 물론 장례에 관한 것까지 꼼꼼하게 기록되어 있을 것으로 기대된다.

(1) 변성식 선생님의 유언장

사랑하는 아들에게 남기는 말

창밖의 풍경은 겨울이 다가왔음을 알 수가 있구나.

단풍이 아름답게 장식되었을 산야가 눈에 선하다. 언젠가 우리 가족이 함께 지방으로 나들이를 갔을 때, 곱게 물든 단풍에 환호성을 지르며 감탄을 연발했던 때가 생각난다. 참으로 행복하고 즐겁고 아름다운 세상이었지. 낙엽이 질 때 떨구지 않으려 버티는 나무는 건강치 못한 나무라고 이야기한 것을 기억하겠지? 자연은 계절이 바뀌듯 모든 것이 돌고 돌아 순환하는 것이 당연함에도 인간은 순응하기를 주저하며 산다.

나에게 주어진 촛불이 이제 빛을 잃어 가는 것을 느끼며 차마 하지 못했던 말들을 이렇게 남기려 한다. 보편적인 사람이 아닌 유별나고 독특한 사람이라고 했던 것처럼, 나라는 사람은 세상에 나와 청소년기, 청년기, 성인기를 거치는 동안 남다른 사고를 버릴 수가 없었다. 유난스럽게 세상과 구분되는 청교도적인 개념을 고수하고자 애썼고, 그러다 보니 현실적인 삶과의 괴리를 포용하지 못해 가족들을 힘들게 하기도 했다.

장남으로 태어나 초등학교를 졸업하기 전부터 가장 역할을 해야 했던 시절에는 주변이 온통 그렇게 살았으니 당연한 것으로 알고 살았나. 다만 정규 교육의 혜택을 받지 못하고 공장과 노동판으로 내몰려 눈앞에 생계를 해결해야 하는 쫓기는 삶 때문에 눈물이 많았던 때를 보냈다.

(중략)

아들아, 형제가 없는 너를 보면 안쓰러운 생각이 들지만, 한편 생각하면 어차피 인생은 혼자일 수밖에 없다는 것으로 변명할 수밖에 없구나. 그렇게 너의 삼촌과 고모들은 멀어지고 사라졌다. 아빠는 수도자가 되기를 원했고 그런 만큼 세속적이지 못했다. 풍족하지 못했고, 그래서 더욱 답답했었을 거라는 것을 잘 알고 있다. 언젠가 아빠는 잔소리가 너무 많다는 얘기를 했었지? 제대로 지원해주지 못한 미안한 마음, 그러면서도 남다른 사람으로 성장하기를 바라는 욕심에 마음이 저만큼 앞서 네게 스트레스를 안겨주어 미안하다. 아빠를 닮아 말이 많지 않은 네 속에 담고 있을 불만과 원망이 많겠지.

살면서 생겨나는 많은 불평과 불만, 마음에 들지 않는 일들이 계속 나타날 때 그것이 일일이 반응하고 분석할 필요는 없단다. 그저 지나쳐 흘러가는 풍경처럼 쥐고 살피는 것은 어리석은 일이

유언장 어떻게 쓸 것인가

다. 아빠도 처음 살아보는 삶이어서 불안하고 서툴고 어설프게 살았다. 누구나 그렇게 살아간다. 다만 완벽한 삶을 위해 노력할 필요는 없다고 생각한다. 늘 부딪치고 넘어지고 깨어지면서 삶을 살아내는 것이지. 그러면서 쌓인 경험으로 실수를 반복하지 않으려 정신을 차리는 것이란다. 다만 한 가지, 인간은 독불장군이 되어서는 곤란하다. 이 때문에 인간관계만큼은 지혜로워야 하고 타인을 존중하며 다투지 말아야 한다. 다툼이 생기거든 손해를 보고서라도 물러서는 것이 옳다고 생각한다. 살면서 다툼만큼은 절대 피하길 바란다.

(중략)

아빠가 많이 많이 사랑하는 아들아.

아빠가 마지막 남기는 글에 어디에 땅이 있고 어디에 집이 있다는 내용이 없어 서운할 수도 있겠다는 우스갯소리도 했었지만, 그것이 부끄러운 일이라고 생각하지는 않는다. 금전적인 것이 행복을 가져다주는 것은 아닌 것을 잘 알기 때문이다. 아빠가 평생 해오던 강의가 그런 주제였고 소박한 삶을 추구하는 정신을 구현하며 살아온 우리였기에 행복하게 지냈었다. 아빠가 남겨줄 만한 값나가는 것은 하나도 없지만, 유일하게 책장의 책만큼은 버리지 말고 두고두고 읽었으면 한다.

이제 헤어져야 할 때가 가까워져 오면서 그동안 네가 듣기 싫어했던 이야기를 해야겠구나. 아빠의 호흡이 끊어지면 아빠가 쓴 책을 다시 한번 읽어주길 바란다. 장례에 대한 자세한 안내가 적혀있다. 차분하고 냉정하게 정신을 가다듬어야 한다. 마음의 준비를 했다 하더라도 갑자기 당할 것이다. 절대 당황하지 말고 침착하게 대처하기를 바란다. 갑자기 해결해야 할 일이 많아져 정신을 차릴 수 없을지도 모른다. 먼저 엄마의 건강을 신경을 써야 할 것이다. 엄마를 다른 곳에 있도록 해라.

병원에서 숨을 거두면 바로 장례식장으로 옮기면 될 것이다. 만약 집에서 숨을 거두었다면 침착하게 장례식장에 전화해서 자리가 있는지 묻고 운구를 부탁해라. 옮기기 전에 아빠의 차림새를 여며주고 챙겨야 할 것이 있는지 살펴봐라. 장례식장으로 옮길 때는 아빠 신분증을 챙겨야 한다. 장례식장에서 여러 가지 이야기를 할 것이지만 정신 차려서 다음과 같이 해야 한다.

첫째, 빈소는 절대 차리지 말아라. 빈소가 없으니 영정 사진도 필요 없다.

부를 사람도, 찾아올 사람도 없으니 필요 없다.

아무에게도 알리지 말고 조용히 처리하길 바란다.

둘째, 화장장 예약을 확인하고

셋째, 수의는 준비했던 평상복으로 입혀라.

넷째, 관은 가장 저렴한 것으로 해야 한다.

곡을 하지 말고, 향도 피우지 말고, 꽃도 올리지 말라. 절을 하거나 기도하지 마라.

다른 어떤 절차도 필요 없는 무의미한 것이니 지키도록 해라.

(중략)

사랑하는 아들아.

형제도 없이 외로울 것이지만, 혼자이기에 자유로울 것이라는 생각을 했으면 한다. 네가 하고 싶은 것을 마음껏 할 수 있는 삶을

유언장 어떻게 쓸 것인가

살거라. 거칠 것 없는 자유를 만끽하며 순간순간이 행복하길 바란다. 엄마가 네 곁에 함께 있는 동안, 지금처럼 살가운 아들로 곁에서 살펴주렴.

- 아빠가

변성식 선생님은 유언장에서 가족과의 추억으로 시작하여 자연스럽게 세상의 변화를 말한 뒤 인간도 자연의 한 부분이므로 그것에 순응해야 한다고 이야기한다. 그는 장남으로 태어나 가정과 사회에서의 책임을 다하다 보니 자기 자신에게 지나칠 정도로 엄격했고 그것이 가족들에게 본의 아니게 큰 부담으로 작용하여 주변 사람들을 힘들게 했음을 인정하고 자기 잘못을 뉘우치고 있다. 다음으로 형제가 없는 아들이 세상에 혼자 남겨질 안타까움을 이야기하고 아들에 대한 기대로 큰 부담을 안겨준 것에 대해 미안함을 전한다. 그는 아버지로서 아들이 이기적인 사람이 되어서는 안 되고 타인에 대한 배려와 존중이 중요하다는 당부를 남긴다. 변성식 선생님의 유언장 마지막 내용은 장례 절차에 관한 것이다. 그는 자신의 장례식이 남은 사람에게 부담이 되지 않기를 바라는 마음에서 별도의 장례식 없이 화장으로 자기 삶을 마무리하고 싶다는 뜻을 밝힌다.

변성식 선생님은 유언장에서 아들에 대한 진심 어린 사랑을 표현하고 생존 시는 물론 죽어서도 이어질 두 사람의 인연을 중심에 둔 유언장을 쓰고 있다. 그는 물질적인 유산을 상속하지는 못하지만 가족 간의 사랑과 추억, 따뜻한 기억과 같은 정신적인 유산이 혼자 남겨질 아들에게 큰 힘이 되기를 바라마지 않는다. 그가 마지막으로 장례 절차를 생략하고 싶다고 당부한 것에는 우선 가족에게 정신적,

물질적 부담을 지우지 않겠다는 생각은 물론 죽음을 대하는 그의 평소의 태도와 자세가 나타난 것으로 이해된다.

(2) 존 매케인의 유언장

존 매케인(John McCain, 1936~2018)은 미국의 상원의원이자 예비역 해군 장교로 베트남전쟁에 복무하였다. 그는 애리조나 출신의 6선 상원의원 정치경력을 지닌 정치인이지만 3대째 해군에 복무하여 전쟁에 참여한 군인으로서의 경력으로도 주목받는 인물이다. 특히 군인 명문 가문으로서 국가와 사회에 대한 책임을 다하고 보수 정당인 공화당 내에서도 자신이 옳다고 생각하는 것은 거침없이 말을 하였다. 그런 그를 미국 사회가 특정 집단이나 정당을 뛰어넘는 진정한 보수의 상징으로 평가하고 추앙하는 것은 당연해 보인다. 평생 원칙과 소신을 지켜온 존 매케인이 지난 2018년 뇌종양으로 사망하면서 그가 국민에게 남긴 유언장이 공개되어 많은 사람들에게 감동을 주고 있다.

친애하는 국민 여러분, 그리고 특히 애리조나 주민 여러분. 지난 60여 년간 당신들을 위해 일할 수 있어 감사했습니다.
제복 입은 군인이자 공직자로서 미국 시민을 위해 일하는 영광과 보람 있는 삶을 살게 해주셔서 감사합니다. 저는 미국을 위해

유언장 어떻게 쓸 것인가

명예롭게 일하고자 노력했습니다. 때로는 실수도 했지만, 부디 미국에 대한 저의 사랑이 이보다 더 높게 평가받기를 바랍니다.

저는 제가 지구상에서 가장 운이 좋은 사람이라고 종종 느꼈습니다. 삶의 마지막을 준비하는 이 순간에도 말입니다. 저는 제 삶의 모든 것을 사랑했습니다. 10번의 생을 살아도 충분할 만큼의 경험과 모험을 했고, 많은 사람과 우정을 쌓았습니다. 대부분의 사람처럼 저 또한 후회가 남습니다. 하지만 좋은 날이든 나쁜 날이든, 제 삶의 단 하루라도 누군가의 최고의 날과 바꾸진 않겠습니다.

제가 제 삶에 만족하는 이유는 사랑하는 가족 덕분입니다. 저보다 더 다정한 부인이나 자랑스러운 아이들을 가진 남자는 없을 것으로 생각합니다. 그리고 미국 덕분입니다. 미국의 가치인 자유, 평등한 정의, 인류 존엄성에 대한 경의를 추구하며 사는 것은 인생을 스치는 즐거움보다 더 숭고한 행복감을 가져다줬습니다. 우리의 정체성과 자존감은 개인보다 더 큰 대의명분을 위해 삶으로써 더욱더 커질 수 있습니다.

친애하는 국민 여러분, 미국의 가치 안에서 산다는 건 그 누구보다 저에게 의미가 컸습니다. 저는 살아서도 죽어서도 자랑스러운 미국인입니다. 우리는 전 세계 가장 위대한 공화국의 시민입니다. 우리나라는 '피와 땅'이 아닌 이상을 추구합니다. 우리는 축복받았으며, 미국의 이상을 국내뿐만 아니라 전 세계에서 추구하고 발전시킬 때 전 인류에게 축복을 가져다줄 수 있습니다. 우리가 독재와 빈곤으로부터 구제한 사람들은 역사상 전례가 없을 정도입니다. 우리는 그 과정에서 막대한 부와 권력을 축적했습니다.

하지만 우리가 애국심을 적의와 증오, 폭력을 낳는 하찮은 대립과 혼동할 때, 장벽을 허무는 대신 그 뒤에 숨을 때, 우리의 이상이 언제나처럼 커다란 동력이 될 것이라 믿지 않고 의심할 때, 이 위대함은 힘을 잃습니다.

우리 3억 2천 500만 명은 각자 자기 의견을 소리 높여 주장합니다. 우리는 논쟁하고 경쟁하며 때로는 공개 토론회에서 서로를 비방하기도 합니다. 하지만 우리는 언제나 공통점이 더 많았습니다. 서로가 국기를 사랑한다는 사실만 기억하고 또 믿어준다면 지금의 어려운 시기를 이겨낼 수 있습니다. 우리는 어려움을 이겨내고 더 강해질 것입니다. 언제나 그랬듯이 말입니다.

10년 전, 저에게는 대선 패배를 인정할 기회가 있었습니다. 저는 그날 미국인이 가진 진심 어린 신념을 느꼈습니다. 제 작별 인사를 그때 그 감정으로 마무리하고자 합니다. 저는 아직도 그 신념을 강하게 느낍니다.

현재의 고난에 절망하는 대신, 언제나 미국의 가능성과 위대함을 믿으십시오. 왜냐하면 미국에서 어쩔 수 없는 일이란 없으니까요. 미국인은 절대로 포기하거나 항복하지 않습니다. 우리는 역사의 뒤에 숨지 않습니다. 우리는 역사를 만듭니다.

친애하는 국민 여러분, 잘 지내시길. 당신에게, 그리고 미국에 신의 은총이 있길 바랍니다.

존 매케인의 유언장은 그가 6선의 국회의원이고 미국의 진정한 보수주의자이자 애국자로 평가받고 있는 만큼 사회적 유언, 특히 국민에게 남기는 마지막 말을 담고 있다. 그는 '군인과 공직자'로서의

유언장 어떻게 쓸 것인가

이력으로 삶의 대부분을 살았다. 그가 "10번의 생을 살아도 충분할 만큼의 경험과 모험"을 했다는 것은 전쟁 포로로 5년여의 세월을 포로수용소에서 보냈고 국회의원으로서 대통령 선거에 도전한 파란만장한 삶의 여정을 걸어왔음을 말한다. 그는 유언장에서 자신이 지금까지 온전하게 살아올 수 있었고 지난 시간을 행복한 삶이라고 평가할 수 있는 것은 오직 가족의 힘이라고 말한다. 많은 미국인이 부를 얻고 정치적, 사회적 명예를 누리다가도 아픈 가족을 돌보기 위해 모든 지위를 내려놓는 경우를 종종 보면 매케인의 가족에 대한 사랑은 당연해 보인다.

다음으로 그가 유언장에서 일관되게 내세우는 것은 조국에 대한 사랑과 애국심이다. 다만 그는 미국이 내세우는 애국심이 '피와 땅'이라는 가치에 매몰되어서는 안 되며, '적의와 증오, 폭력'으로 이어져서도 안 된다고 말한다. 또한 정치인으로서 미국인이 서로 다른 의견으로 대립할 수는 있어도 조국에 대한 사랑만큼은 잊지 말기를 당부한다. 그는 10년 전의 대선 패배를 언급하면서 그때의 쓰라린 감정을 다시 끌어내는 대신 미국민이 '미국의 가능성과 위대함'을 믿고 미래로 나아가 달라는 것으로 유언을 마무리한다. 존 매케인의 유언장은 국가지도자가 남기는 말이라는 사회적 성격이 강하지만 한 인간이 살아오면서 느낀 영광과 회한, 조국에 대한 사랑, 국민에게 남기는 말 등이 담겨있는 대표적인 사회적 유언이다.

2. 작가가 쓴 유언장

　　인생은 죽을 때 완성되는 장편소설이다. 인생을 어느 정도 살아
가다 보면 나이가 들었을 때 자연스럽게 죽음에 대해서 생각해 보
게 되는데, 지난 인생 여정을 돌아보며 죽음을 생각한다는 것은 죽
음 그 자체가 아니라 지금까지 자신이 걸어왔던 발자국일지도 모른
다. 지나온 자기 삶을 통하여 분명히 무엇이 중요한 것인지 보일 것
이다. 죽음 앞에서는 누구나 가장 정직해지기 때문이다. 또한 자신
의 목표나 목적을 이루었건 그렇지 않건 인생에서 성공한다는 것에
는 무슨 의미가 있을까. 지금까지 만났던 사람들에게 어떻게 기억되
어 왔는지, 그리고 소중한 사람들에게 자기 삶의 여정에서 얻은 성
찰과 장묘 방식 등 당부의 말을 남기고 싶어 한다. 일반인들은 유언
장이라는 형식을 통해서 작성하는 경우가 많지만 글 쓰는 것을 직업
으로 하고 있는 시인, 소설가 등 작가들은 자신의 작품에 유언적인
내용을 담기도 한다. 자신의 죽음에 대해, 혹은 죽음 이후 처리에 대
해 당부의 말을 남기기도 하는데, 유언처럼 써 놓은 작가의 작품을
통해 살펴보고자 한다.

　　나태주 시인의 작품「유언시」와 김용택 시인의「생각나는 김에」,
스콧 니어링의「마지막 순간이 오면」등 3편을 중심으로 그들의 삶

의 가치관과 장묘 방식, 당부의 글 등 유언장의 내용을 살펴보고자
한다.

(1) 나태주 시인의 「유언시」

아들과 딸들에게

아들아 딸아, 지구라는 별에서 너희들
애비로 만난 행운을 감사한다
애비의 삶 길고 가느른 강물이었다
약관의 나이, 문학에의 꿈을 품고 교직에 들어와
43년 넘게 밥을 벌어먹고 살았으며
시인교장이란 말을 들을 때가 가장 좋은 시절이었지 싶다

그 무엇보다도 한 사람 시인으로 기억되기를 희망한다
우렁차고 커다란 소리를 내는 악기보다는 조그맣고 고운
소리를 내는 악기이고 싶었다
아들아, 이후에도 애비의 이름을 기억하는 사람을 만나거든
함부로 대하지 않기를 부탁한다
딸아, 네가 나서서 애비의 글이나 인생을 말하지 않기를 바란다

나의 작품은 내가 숨이 있을 때도 나의 소유가 아니고
내가 지상에서 사라진 뒤에도 나의 것이 아니다
저희들끼리 어울려 잘 살아가도록 내버려 두거라
민들레 홀씨가 되어 날아가든 느티나무가 되든 종소리가 되어
사라지고 말든 내버려 두거라.

인생은 귀한 것이고, 참으로 아름다운 것이란 걸
너희들도 이미 알고 있을 터,
하루하루를 이 세상 첫날처럼 맞이하고
이 세상 마지막 날처럼 정리하면서 살 일이다.
부디 너희들도 아름다운 지구에서의 날들
잘 지내다 돌아가기를 바란다.
이담에 다시 만날지는 나도 잘 모르겠구나.

　　나태주 시인은 우리 현대 시사에서 서정시의 중요한 전통의 일
맥을 계승한 대표적 시인이다. 나태주 시인의 시는 읽기 쉽고, 짧은
형식의 그 언어표현도 단순하다. 시의 일상성과 간결성을 표현한 글
이 많은 감동을 준다. 시인은 자신의 작품인 시로 말한다. 사랑과 이
별과 죽음 등 다양한 주제의 시를 써 왔지만 제목까지도 「유언시」라
고 붙여 놓은 시인의 작품은 자녀들에게 남기는 글로서 유언장이다.
작품 「유언시」에 나타난 내용을 살펴보면 첫째, 감사의 마음을 표현
한다. 아들과 딸들에게 "너희들의 애비로 만난 행운을 감사한다"라
며 자녀들에게 다정한 친근감이 담긴 감사의 인사를 한다. 둘째, 자
신의 지나온 삶에 대한 회상이 담겨 있다. 문학에의 꿈을 품고 교

　　　　　　　　　　　　　　　　　　유언장 어떻게 쓸 것인가

직에 들어와 43년간 생활했고, 생활 시인 교장이라는 말을 들을 때가 가장 좋은 시절이었다고 긍정적인 회상을 한다. 셋째, 자녀들에게 남기는 당부의 말이다. 아들에게는 애비의 이름을 기억하는 사람을 만나거든 함부로 대하지 말라며 자신의 사후에도 자신과 인연 맺은 사람들과의 관계를 존중하고 예를 다하고 싶은 마음을 표현한다. 또한 딸에게는 자신이 남긴 작품에 대해 나서서 말하지 말라며 지언스럽게 자신의 작품이 세상에 민들레 홀씨처럼 퍼져나갈 것을 희망하며 당부한다. 또한 인생을 먼저 살아본 선배로서 인생은 귀한 것이고, 참으로 아름다운 것이니 하루하루를 이 세상 첫날처럼 맞이하고, 이 세상 마지막 날들처럼 정리하면서 잘 살기를 당부한다. 이처럼 자녀들에 당부하고자 하는 말을 간접적인 방법으로 유언시로 남긴 글을 보면 그의 인생관과 가치관이 담겨있음을 알 수 있다. 인생에 대한 통찰과 자녀들이 꼭 알았으면 하는 인생의 지혜를 말하고 있다.

(2) 김용택 시인의「생각나는 김에」

내가 죽은 후
이삼일 기다리다가
깨어나지 않으면 화장해서
강 건너 바위 밑에 묻어라.

사람들이 투덜거리지 않도록
표나지 않고 간소해야 한다.
내 곁에 어린 나무나 풀들이
자라도록 내버려두어라.
지금 그 생각이 나서
생각난 김에 적어둔다.

'섬진강 시인'으로 길 알려진 김용택 시인은 전북 임실 섬진강 마을에서 태어났고, 자라서도 임실 덕치 초등학교 교사로 재직하면서 자연과 동심을 시와 산문으로 노래했다. 시인은 매일 아침 강변을 산책했다고 한다. 강가를 거닐 때마다 흘러가는 세월과 인생의 의미를 고민했다. 그에게 있어서 섬진강은 가족이고 매일 만나는 형제이며 삶에서 많은 영향을 받은 장소이다. 그래서인지 그의 시에는 섬진강과 자연이 많이 등장한다.

작품 「생각나는 김에」는 짧지만 자신의 죽음 후 장묘 방식과 공동체 의식을 존중하는 태도, 그리고 자연을 사랑하는 자연 친화적인 삶의 모습을 보여주고 있다. 자신이 죽어서 삼 일이 되어도 깨어나지 않으면 강 건너 바위 밑에 묻으라는 글에 시인의 진정성이 느껴져서 고개가 끄덕여진다. 무심코 툭 던지는 말 같지만 70세가 넘도록 매일 바라보며 거닐던 강을 대하는 시인의 마음에 공감이 간다. 시에서 표현된 유언적 내용을 정리해보면 첫째, 장묘 방식을 표현했다. 최근 장묘 방식이 화장 후 봉안당에서 자연장으로 변화하는 추세다. 시인도 화장 후 강 건너 바위 밑에 묻어 달라며 자신이 원하는 장묘 방식에 대해 명확히 밝히고 있다. 둘째, 마을 공동체 의식을 존중하는 태노와 장례에 관한 소박한 의식을 나타낸다. 화장 후 강 건너 바위 밑에 묻히고 싶어 하는 그 강은 시인의 강일 뿐만 아니라 고향 마을 사람들의 강이다. 따라서 마을 공동체 사람들을 존중하며 공동의 이익을 해치지 않도록 "사람들이 투덜대지 않도록 표나지 않고 간소하게 해야 한다"라며 당부를 하고 있다. 요란하지 않고 간소하게 장례를 치르는 것을 표현한다. 셋째, 자연을 사랑하는 자연 친화적인 모습을 보여준다. 자신이 묻힌 곳에 어린나무나 풀들이 자라도록 내버려두라며 당부를 한다. 또한 따로 유언이라며 적지 않고 생각난 김에 밝혀둔다며 형식에 매이지 않고 자연스러운 것을 좋아하는 시인의 마음을 살펴볼 수 있다.

(3) 스콧 니어링의 「마지막 순간이 오면」

나는 자연스럽게 죽게 되기를 바란다.
나는 병원이 아니고 집에 있기를 바라며
어떤 의사도 곁에 없기를 바란다.
의학은 삶에 대해
아는 것이 거의 없는 것처럼 보이며
죽음에 대해서도 무지하니까.

그럴 수 있다면 나는 죽음이 가까이 왔을 무렵에

지붕이 없는 툭 트인 곳에 있고 싶다.
그리고 나는 단식을 하다 죽고 싶다.
죽음이 다가오면 음식을 끊고 할 수 있으면
마찬가지로 마시는 것도 끊기를 바란다.

나는 죽음의 과정을 예민하게 느끼고 싶다.
그러므로 어떤 진통제나 마취제도 필요 없다.
나는 되도록 빠르고 조용히 가고 싶다.
회한에 젖거나 슬픔에 잠길 필요는 없으니
오히려 자리를 함께 한 사람들은 마음과 행동에
조용함과 위엄, 이해와 평화로움을 갖춰
죽음의 경험을 함께 나눠 주기 바란다.

죽음은 무한한 경험의 세계
나는 힘이 닿는 한 열심히, 충만하게
살아왔으므로 기쁘고 희망에 차서 간다.
죽음은 옮겨감이거나 깨어남이다.
삶의 다른 일들처럼 어느 경우든 환영해야 한다.

법이 요구하지 않는 한
어떤 장의업자나 그밖에 직업으로
시체를 다루는 사람이 이 일에 끼어들어선 안 된다.
내가 죽은 뒤 되도록 빨리 친구들이
내 몸에 작업복을 입혀 침낭 속에 넣은 다음

유언장 어떻게 쓸 것인가

평범한 나무 상자에 뉘기를 바란다.

상자 안이나 위에 어떤 장식도 치장도 해서는 안 된다.

그렇게 옷을 입힌 몸은

화장터로 보내어 조용히 화장되기를 바란다.

어떤 장례식도 열려서는 안 된다.

어떤 상황에서든 언제 어떤 식으로든

설교사나 목사,

그밖에 직업 종교인이 주관해서는 안 된다.

화장이 끝난 뒤 되도록 빨리 나의 아내가,

만일 아내가 나보다 먼저 가거나 그렇게 할 수

없을 때는 누군가 다른 친구가 재를 거두어

바다가 바라다 보이는 나무 아래 뿌려 주기 바란다.

나는 맑은 의식으로 이 모든 요청을 하는 바이며,

이런 요청이 내 뒤에 계속 살아가는

가장 가까운 사람들에게 존중되기를 바란다.

스콧 니어링(1883~1983)은 미국의 경제학자이자 사회운동가이다. 자연주의자이며 작가로서 미국의 버몬트주 자연 속에서 부인과 함께 살았다. 자연주의적인 그의 가치관은 나이 들면 소유하기보다는 오히려 덜어내는 삶을 강조했다. 그의 부인 헬렌 니어링은 자신의 책『아름다운 삶, 사랑 그리고 마무리』를 통해 위와 같이 니어링이 남긴 유언을 전했다.

　니어링은 자신에게 마지막 순간이 온다면 첫째, 연명의료를 하지 않고 자택 임종을 원했다. 병원이 아닌 집에서의 임종을 원하며 마지막 순간 어떤 의료행위도 받지 않겠다고 했다. 둘째, 죽음의 방식을 밝혔다. 자연 속에서 자연스럽게 떠나기를 원했다. 죽음이 다가오면 음식과 마시는 것을 스스로 끊고자 했다. 그의 유언대로 니어링은 100세가 되던 해 몸에 이상이 생기자 스스로 곡기를 끊고 자연 속에서 세상을 떠났다. 그의 부인도 니어링의 삶의 철학을 깊이 이해하였기에 그의 의견에 동의하였다. 셋째, 긍정적인 죽음의 인식이 드러난다. 그에게 죽음은 두려움이 아니다. 다른 곳으로 옮겨감이거나 깨어남이다. 열심히 충만하게 살아왔으므로 기쁘고 희망차게 간다고 밝힌다. 곧 삶을 잘 살아왔기에 죽음도 삶의 일부로서 삶의 다른 일들처럼 어느 경우든 환영해야 한다는 초월적이며 긍정적인 인식을 보여준다. 넷째, 장례 방식에 대해 밝혔다. 장의업체에 시신을 맡기지 말고 평소의 자신이 입던 작업복을 입혀 침낭에 담으라고 했다. 나무관도 아닌 평범한 나무상자에 넣어서 아무 치장도 하지 말라고 한다. 조용히 화장터로 보내어 화장할 뿐 어떤 장례식도 하지 말고 종교인이 주관하는 무엇도 하지 말라고 했다. 다섯째, 장묘 방식을 밝혀 두었다. 화장 후 자연장을 하기 원했다. 화장이 끝난 뒤 되도록 빨리 아내가 재를 거두어 바다가 바라보이는 나무 아래 뿌려 주기 바란다고 했다. 또한 자신은 이 모든 것을 맑은 정신으로 쓰고 있음을 말미에 밝히고 있다. 자신의 뜻을 그대로 지켜 주기를 바라는 진심이 담겨 있음을 알 수 있다. 그의 유언은 겉치레 하나 없는 소박하고 자연스러운 장례를 원하는 내용이었다. 그는 자신이 원

　　　　　　　　　　　　유언장 어떻게 쓸 것인가

하는 방식으로 스스로 실천하였다. 그는 살아온 대로 마지막에서도 아름다운 마무리를 보여 주었다. 그의 삶과 죽음은 인간은 어떻게 살아야 하고 어떻게 죽음을 맞이해야 하는가를 깨닫도록 해 준다.

3. 나보다 대의를 위한 유언장

(1) 안중근 의사의 유언장

안중근 의사는 이토 히로부미를 저격한 뒤 사형이 집행되기 전에 '유언'을 남겼지만, 그의 운명은 법정에 서서 재판받기도 전에 이미 정해졌다는 점에서 감옥과 법정에서 행한 그의 말 전체가 남기는 말 내지 유언으로 볼 수 있다. 그중에서도 '일본 법정에서' 법관과 일본제국을 향해 외친 말과 '고국의 동포에게 고한 말', '죽음을 앞두고 남긴 말'이 그의 가치관과 의지, 신념을 확인할 수 있는 중요한 유언으로 볼 수 있을 것이다.

먼저 그가 일본 법정에서 남긴 말은 이토 히로부미 저격의 목적과 재판을 받는 이유, 판결에 대한 자신의 입장 등으로 나눌 수 있다. 그는 독립전쟁 중에 적의 우두머리이자 침략에 책임이 있는 이토 히로부미를 개인적 감정으로 살해한 것이 아니라 전쟁 상황에서 적으로서 사살한 것이다. 그런 이유로 그는 평시에 일반적인 살인을 저지른 범죄자가 아니라 군인으로서 전투 수행 중에 전쟁 포로가 된 것이니 그에 합당한 대우를 해줄 것을 법정에 요구한다. 또한 일본의 일방적인 침략 전쟁으로 식민지가 된 조선의 독립을 위해, 나아가 일본의 침탈 대상이 된 중국을 비롯한 아시아 각국의 해방과 평화를 위해 적의 수장을 처단했음을 강조한다. 그렇다고 그는 목숨을 구걸하거나 감형을 요구하는 대신 일본의 법이 아닌 만국 공법으로 자신을 처리해 달라고 당당히 요구하고 있다.

1. 일본 법정에서

내가 이토 히로부미를 쏘아 죽인 것은 대한 독립전쟁의 한 부분이며, 내가 일본 법정에 선 것은 전쟁에 패해 포로가 된 때문이다. 나는 개인 자격으로 이 일을 행한 것이 아니라 대한의군 참모중장 자격으로 조국의 독립과 동양 평화를 위해 행한 것이니, 만국 공법으로 처리하도록 하라.

2. 대한 동포에게 고함

내가 대한 독립을 회복하고 동양 평화를 유지하기 위해, 3년 동안 해외에서 떠돌아다니며 고생했으나 그 목적을 이루지 못하고 이곳에서 죽노니, 우리 2천만 형제자매는 각자 스스로 분발해 학문에 힘쓰고 산업을 진흥함으로써 내 뜻을 이어 자유 독립을 회복하면 죽는 자 한이 없겠노라.

3. 마지막 유언

내가 죽은 뒤에 나의 뼈를 하얼빈공원 곁에 묻어 두었다가, 국권이 회복되면 고국으로 옮겨다오. 나는 천국에 가서도 마땅히 우리나라의 독립을 위해 힘쓸 것이다. 너희들은 돌아가서 동포들에게 각자 나라를 위해 책임을 지고 국민 된 의무를 다해, 마음을 같이 하고 힘을 모아 공을 세우고 업을 이루도록 일러 다오. 대한 독립의 소리가 천국에 들려오면 나는 마땅히 춤추며 만세를 부를 것이다.

다음으로 안중근 의사는 '대한 동포에게 고함'에서 이토 히로부미 처단이라는 목적을 이루었음에도 '대한 독립'과 '주권 회복'이라는 궁극적인 결과를 얻지 못한 것에 대해 안타까움을 토로하고 있다. 이토의 죽음에도 불구하고 조국은 여진히 식민 통치하에 놓여 있고 자신이 조국 독립을 위해 해야 할 일이 남아 있음에도 불구하고 죽음을 맞는 현실을 개탄하고 있다. 그런 이유에서 동포들이 자신이 남겨 놓은 과업을 이어받아 조국 독립을 위해 힘써 달라고 당부하고 그러한 목적을 이루기 위해서는 특히 교육과 산업 근대화가 필수적인 조건임을 강조하였다.

안중근이 죽음에 직면하여 남긴 말 중에 '유언'이라는 이름을 붙일 수 있는 마지막 말은 좀 더 비장한 어조로 이루어진 독립에 대한 당부이다. 그는 자신의 유해조차 식민지 조국이 아닌 독립된 '내 나라'에 묻어 달라고 당부한다. 독립에 대한 그의 열망은 죽어서도 포기할 수 없을 정도로 절실한 것이며 자신이 못다 이룬 꿈을 동포들에게 맡기니 유훈을 반드시 이루어 줄 것을 간곡하게 호소한다. 안중근 의사의 유언의 특징을 보면 죽음을 앞둔 평범한 개인의 두려움이나 가족과 헤어짐에 대한 안타까움, 정리해야 할 개인사 등은 찾아볼 수 없고 조국 독립이라는 대의를 위한 자기 행동에 대한 자신의 평가와 독립의 절실함만이 나타나 있다. 그가 사형선고를 받고 1910년 3월 26일 불과 31세의 나이에 뤼순 감옥에서 순국한 사실로

유언장 어떻게 쓸 것인가

미루어 보면 개인의 안위보다 오직 대의와 조국의 해방만을 생각했다는 사실은 놀라운 일이다. 죽음을 앞둔 실존적 인간으로서의 피할 수 없는 죽음에 대한 두려움, 아내와 세 남매에 대한 그리움, 지나온 삶에 대한 회한 등은 어디서도 찾아보기 어렵다. 물론 그러한 심정이 마음속에서까지 없었다고는 보기 어렵겠지만 모두에게 남기는 마지막 유언에는 담고 있지 않다. 이와 같은 안중근 의사의 유언과 태도는 보통의 사람에게는 불가능에 가까운 것으로, 어찌 보면 개인으로 사는 삶을 포기하고 지도자와 선각자로서 대의명분을 추구할 수밖에 없었던 사람의 말이라는 점에서 당당함과 애절함을 동시에 느끼게 한다.

(2) 유일한 박사의 유언장

유한양행 설립자인 유일한(1895~1971)은 기업인이자 독립운동가이다. 그는 6남 3녀의 장남으로 평양에서 출생하여 9세의 나이에 미국으로 유학을 떠났다. 사실 말이 유학이지 그는 타국에 거의 혼자 남겨져 학업은 물론 생활까지 스스로 꾸려나가야만 했다. 그는 어려운 생활 속에서도 1909년 네브래스카에 설립된 독립군 양성학교인 '한인소년병학교'에 다니며 미래 독립운동가로서의 의지를 다졌다. 유일한은 미국에서 대학 졸업 후 식품회사를 설립하여 큰 성공을 거두고 귀국하여 서울에 유한양행을 세웠다. 그는 회사를 운영하면서도 기업을 투명하게 공개하고 납세의 의무를 성실하게 이행했으며 장학사업과 교육사업에도 힘을 썼다. 그는 회사를 자손에게 물려주는 대신 전문경영인에게 운영을 맡겼고 유언을 통해 전 재산을 사회에 환원하였다.

유일한 박사는 76세를 일기로 생을 마감하면서 가족에게 유언을 남긴다. 그의 유언의 대상은 가족이고 상속이 중요한 부분을 차지하고 있지만, 그 내용은 기업인의 사회적 책임을 강조한 것이어서 동시에 사회적 유언상이라고도 할 수 있을 것이다. 그의 다섯 가지 유언 중에서도 세 번째를 제외한 유언은 가족을 대상으로 한 것이지만 최소한의 상속 이외의 재산은 모두 사회에 환원한다는 내용이기 때문에 오히려 사회적 책임을 다하겠다는 의지가 나타난 것으로 볼 수 있을 것이다.

첫째, 유일선의 딸, 즉 손녀인 유일림에게는 대학 졸업 시까지 학자금 1만 달러를 준다.

둘째, 딸 유재라에게는 유한공고 안에 있는 묘지와 주변 땅 5천 평을 물려준다.
유한동산으로 꾸미고 결코 울타리를 치지 말고 유한중·공업고교 학생들이 마음대로 드나들게 하며 그 학생들의 티 없이 맑은 정신에 깃든 젊은 의지를 지하에서나마 더불어 느끼게 해달라.

셋째, 소유 주식은 전부 '한국 사회 및 교육 원조 신탁기금'에 기증한다.

넷째, 아내 호미리는 딸 재라가 그 노후를 잘 돌보아 주기 바란다.

다섯째, 아들 유일선은 대학까지 졸업시켰으니 앞으로는 자립해서 살아가거라.

첫 번째 유언에서는 손녀에게 목적 없이 돈을 물려주는 대신 대학을 졸업할 때까지의 학비를 주겠다고 밝힌다. 이는 재산을 물려받아 생활을 윤택하게 하거나 사업을 하는 것보다 대학 공부를 하여 스스로 자립할 수 있는 능력을 갖추는 것이 삶에 있어 훨씬 더 중요하다는 할아버지 유일한의 생각을 말해주고, 손녀에 대한 진정한 애정이 무엇인지 보여준다. 두 번째 유언은 네 번째 유언과도 관련이 있는데 딸에게는 상당한 규모의 땅을 물려준다. 다만 상속받은 땅에는 조건이 붙어 있다. 딸은 상속받은 땅을 개인이 아닌 유한중고교 학생들의 생활 터전으로 내놓아야 한다. 딸 유재라는 아버지와 마찬가지로 이 땅마저 사회에 환원하였다. 그럼에도 유일한이 딸에게 수익을 낼 수 있는 땅을 물려준 이유 중 하나는, 아내를 돌보기 위해서는 어느 정도의 돈이 필요하다는 것을 알고 있었기 때문이다. 아들에게 남긴 다섯 번째 유언은 언뜻 보아 매정해 보일 정도로 부의 상속을 막겠다는 아버지의 단호한 의지를 엿보게 한다. 즉 아들은 대학을 졸업하여 충분히 자립할 수 있는 기반을 다졌으니 재산을 한 푼도 물려주지 않겠다는 것이다. 실제 아들 유일선은 유한양행을 물려받지 않았으며 미국에 거주하면서 기업 경영에 전혀 개입하지 않았다. 딸 유재라 역시 아버지의 유지를 받들어 그대로 실행했으며, 그녀도 1991년 미국에서 세상을 떠나면서 스스로 일군 자신의 전 재산을 '유한재단'에 기부한다. 그 아버지에 그 딸이다. 자녀들은 부모의 뒷모습을 보며 자란다.

직접적인 사회적 유언은 세 번째, 소유 주식 전부를 사회에 환원하겠다는 내용이다. 재산과 관련하여 가족에 남긴 유언에서조차 개인적인 상속을 거의 하지 않겠다는 의지를 밝힌 만큼 유일한 박사의 유언 전체는 사회적인 것으로 볼 수 있다. 최근에 기업인, 종교인 중에서도 전 재산을 사회에 환원하겠다는 사람이 거의 없는데 이미 50여 년 전에 보유 주식 전체를 기부하겠다는 유언의 내용은 놀랍기만 하다. 이는 독립운동가로서 조국의 경제발전에 조금이라도 이바지해야겠다는 유일한 박사의 의지, 그리고 기업의 성장과 발전은 개인의 노력만으로는 한계가 있고 그 결실은 노동자와 사회 전체가 나누어야 한다는 그의 생각을 보여주고 있다.

(3) 유산을 기부하는 사람들

유언장과 유산은 밀접한 관계가 있다. 유산 자체가 상속 혹은 기부와 관련이 있는데 기부자의 생전 약속(유언)에 따라 사후에 이루어지는 경우가 많기 때문이다. 대개 유언장에서는 고인이 살아생전 남은 사람들에게 전하는 삶의 자세나 자신의 사후에 생길 일에 대한 처리를 당부하기 마련이지만 재산의 처리와 분배, 상속의 대상에 관한 지정 등도 큰 부분을 차지한다. 유산은 남은 사람들의 경제직 안정은 물론 고인의 자손에 대한 애정의 표시이기 때문에 불로소득으로 보거나 경제적 자립에 부정적인 영향을 준다고만 볼 수는 없을 것이다. 그럼에도 우리 사회에는 자기 재산을 가족에게 남기지 않고 사회나 단체, 학교 등에 기부하는 사람이 있다. 그들은 왜 어렵게 모은 재산을 아낌없이 기부하는 것일까? 또한 기부를 통해 얻으려는 것은 무엇일까?

첫째, 유산 남기지 않기 운동을 통하여 나의 종말을 늘 생각하고 살며, 갑자기 죽더라도 후손들이 당황하지 않고 질서정연하게 처리하도록 유언장을 써놓는 것이라고 말합니다. 생각이 바뀌거나 재산에 변동이 있을 수 있기 때문에 1년에 한 번씩 정초에 씁니다. 나는 수첩에 적어서 늘 가지고 다니기에, 갑자기 죽음이 오더라도 공포와 불안이 없습니다.

둘째, 유언장에는 살면서 잘못한 것을 돌아보면서 후손들에게 삶의 교훈을 적시합니다.

셋째, 소유의 사회 환원은 전적으로 회원 각자의 자의에 의해 그 규모나 대상, 그리고 환원 또는 기증하는 시기가 결정되지만 대체적인 가이드라인은 다음과 같습니다.

1/3은 유족이 쓰도록 수요를 충족시켜 줍니다. 1/3은 본인이 살아생전에 사회에 환원합니다. 1/3은 죽은 후에 어느 기관에 기부하도록 유서를 쓰는 것입니다. 아무리 유산이 많아도 자손이 유언장대로 하지 않을 수 있으니까 1/3은 살아 있을 때 하자는 것입

니다.

　부동산, 주식, 골동품, 명품 등 소중한 물건에 대해 쓰되 본인이 작성하고 서명하며 날짜, 주민등록번호, 주소, 도장을 찍으면 됩니다. 재산이 아무리 적어도 남길 것이 있습니다.

　'유산 남기지 않기 운동'을 펼치는 사람들의 대담을 통해 이러한 질문에 대한 대답을 찾아보는 것도 좋을 것이다. "움켜쥐었던 것, 쌓아 올렸던 것들을 풀어놓고, 내려놓아 나눔의 희락에 참여한다. 우리는 이 세대의 풍조나 가치관에 얽매이지 않고, 절망적인 소비, 향락, 사치를 거부하면서… 작은 빛과 소금의 상징적 표현으로 '유산 남기지 않기 운동'을 전개한다."[7] 말하자면 이들은 재산을 모아두거나 가족에게 물려주는 것보다 이웃과 나눌 때 더 큰 기쁨이 찾아온다고 생각하고 있다. 또한 유산 기부자들은 평소 삶의 태도에 있어서도 근검과 절약을 몸소 실천하고 금전과 재산이라는 물질에 초연하기 때문에 집안에 부를 쌓아 두는 것보다 사회에 기부하면 더 큰 행복이 찾아온다고 생각한다. 유산을 가족에게 남기는 대신 이웃과 나누려는 사람들의 자세는 죽음에 대한 준비와 태도를 말하는 웰다잉은 물론 성공적인 노화를 뜻하는 웰에이징과도 밀접한 관련이 있다. 왜냐하면 죽음에 이르기 전에 죽음 이후의 시간을 미리 생각하고 가족에게 남기는 말을 준비하며 의식불명상태에 빠졌을 때의 연

7　유산 남기지 않기 운동을 펼치는 김경래 상임이사와 홍양희 회장의 대담, '유산 남기지 않기 운동', 각당복지재단, 『삶과 사랑과 죽음』, 2010년 9, 10월호.

녕치료에 관한 생각을 밝히는 것, 남은 시간을 계획하고 기록하는 것 자체가 행복한 죽음을 맞기 위한 준비과정이기 때문이다. '유산 남기지 않기 운동'을 펼치는 사람들은 '유언장 쓰기'와 같은 실천적 행위를 통해 현재의 삶을 계획하고 죽음을 미리 준비하기 때문에 웰다잉과 웰에이징을 실천하는 삶을 살고 있다고 볼 수 있을 것이다. 다음의 내용은 '유산 남기지 않기 운동'에서 강조하는 유언장 작성의 지침이다.

첫 번째 지침에서는 '죽음을 기억하라'와 같은 삶의 태도를 지키기 위해서는 언제나 준비하는 죽음을 맞이하라는 것이다. 이를 실천하기 위해서는 유언장을 쓰고 그 내용을 해마다 다시 정리해야 한다. 물론 '유산 남기지 않기 운동'을 펼치는 사람들은 재산을 사회에 환원하려는 목적에서 유언장을 작성하는 것이지만 그 자체가 현재의 삶과 죽음 이후를 계획하는 행위이다. 또한 죽음에 대해 언제든지 일어날 사건으로 생각하고 그것을 준비하다 보면 죽음에 대한 두려움을 이겨낼 수 있게 된다. 두 번째 지침에서 보듯이 웰다잉을 실천하기 위해서는 죽음에 이르렀을 때 후회나 회한이 없어야 하는데 이를 위해서는 자기 잘못에 대한 반성, 주변 사람들에 대한 용서와 화해가 필수적이다. 특히 용서는 타인에 대한 행위이면서도 스스로 마음의 평화를 얻기 위한 행동이기도 하다. 후손들에게 남기는 삶의 교훈은 남은 사람들이 고인을 기억하고 그가 남긴 사랑과 가르침을 통해 위안을 얻고 삶의 방향을 정하는 데 큰 도움이 될 것이다.

마지막 지침은 재산의 기부에 관한 것으로 사회 환원의 구체적인 방식과 절차를 보여주고 있어 흥미롭다. 현실적으로 전 재산을 남김없이 사회에 환원하기는 어렵고 자손에 대한 최소한의 경제적 뒷받침도 필요하므로 재산의 1/3은 유족에게 남겨둔다는 것이다. 이것은 대략적인 비율이기 때문에 재산의 규모가 크면 그 비율은 더 줄어들 수도 있다. 여기서 주목할 부분은 나머지 모든 재산을 사후에 기부하는 것이 아니라 일부는 생전에 해야 한다는 지적이다. 실제 유족들이 고인의 뜻을 어기고 유언장의 내용을 지키지 않을 수 있기 때문이다. 뿐만 아니라 기부는 쓰고 남은 것 혹은 더 이상 쓸모없어진 것을 주는 것이 아니라 살아 있을 때 가장 소중한 것을 아낌없이 줄 수 있을 때 의미 있는 행위라는 사실을 기억할 필요가 있다. 유언장이 법적 효력을 지니기 위해서는 서명부터 기본 기재 사항을 반드시 써넣어야 하는데 세부 사항에 관해서는 제5장을 참고하면 된다.

유언장 어떻게 쓸 것인가

제4장

유언장의 의미와 실천

HOW TO WRITE
A WILL

1. 최대 수혜자는 나 자신

(1) 유언장과 삶의 연관성 분석

2015년 실시한 설문조사에서 '사망 전 유언장을 작성하겠다'라고 응답한 비율은 54%인데 반해 유언장을 작성한 비율은 3~5%에 불과하다는 기사가 보도된 적이 있다.[8] 우리나라에서는 유언장은 죽기 전에 쓰는 것이라는 이유, 유언장을 작성할 만큼 상속할 만한 재산이 많지 않다는 이유, 유언장을 써 놓으면 오래 살지 못한다는 생각 등의 문화적인 이유로 유언장 작성을 기피하는 분위기가 있다.

인생을 되돌아보며 정리하는 유언장을 작성하는 것은 쉬운 일은 아니지만, 유언장을 작성함으로써 죽음을 생각하고 준비할 수 있으며 이웃과 가족에 대한 메시지를 남기는 자신과의 엄밀한 대화를 나눌 수 있다. 삶의 아름다운 마무리와 죽음을 의미 있게 맞이하기 위해 유서를 통해 자신의 생각을 밝히는 것은 앞으로 남아 있는 삶

---

8 경향신문, '유언장 쓰기, 어렵게 생각 마세요', https://m.khan.co.kr/national/national-general/article/202107231542001#c2b

유언장 어떻게 쓸 것인가

을 더욱 소중하게 생각하게 되는 계기가 될 것이다. 유언장을 통해 죽음에 이르러 부탁하는 말은 살아온 자신의 인생 철학을 함축적으로 진술하게 표현하는 것으로 오랫동안 모두의 기억 속에 남고 교훈이 된다. 잘 작성된 유언장은 유언자의 의도를 명확하게 담음으로써, 상속을 둘러싼 자손들의 분쟁을 유발하는 불투명한 상황을 미연에 방지할 수도 있고 재산뿐만 아니라 정신적인 유산도 상속할 수 있다.

최근 웰다잉과 존엄한 죽음에 대한 사회적 관심이 증대됨에 따라 미리 죽음을 준비하기 위한 유서에 대한 중요성이 부각되고 있으며, 종교계와 시민단체들을 중심으로 미리 유서를 작성하는 '아름다운 유서 쓰기' 운동이 전개된 바도 있다. 연구에 따르면, 죽음 준비 교육 과정에 포함되길 바라는 교육내용(중복응답)은 죽음에 대한 공포 및 불안 감소 방법, 사별 후 극복 방법, 유언장 작성, 유산상속 관련 법적 상식, 삶과 죽음의 의미, 인생 회고, 장기기증, 질병과 죽음, 호스피스 교육, 장례문화의 순이었다.

죽음에 대한 태도는 삶의 환경에 따라 차이가 있고, 개인의 감정, 인지 및 신념에 따라 다를 수 있으며 이에 따라 남은 삶의 모습과 질이 달라질 수 있다. 자신의 죽음에 대해 긍정적인 태도를 지니고 미리 준비하는 것을 성공적인 노화의 필수 조건으로 삼아야 한다. 현대인들은 개인의 죽음에 대한 인식의 정도가 낮으며 죽음에 대한 긍정적인 태도와 준비가 반드시 필요하다. 죽음을 긍정적으로 수용하는 노인일수록 여생에 대해서도 밝게 전망하고 현재 생활에 대해서도 불안이 적으며, 자신의 건강상태를 좋게 평가하는 경향이 있어 죽음에 대한 긍정적 또는 부정적 인식에 따라 현재와 미래의 삶의 태도와 적응에 큰 영향을 미친다.

유언장 작성을 통한 죽음에 대한 긍정적인 태도와 준비는 다음의 이유로 성공적인 노화에 이르게 하는 요인이 될 수 있을 것이다. 첫째, 유언장 작성을 통해 과거의 삶을 살펴보고 현재의 자기 삶의 의미를 찾고 삶을 보다 가치 있고 의미 있게 살 수 있도록 돕는다. 둘째, 자신의 죽음을 두려워하지 않고 품위 있는 죽음을 준비하는 것으로 연결되도록 한다. 셋째, 죽음을 수용하는 태도에 긍정적인 영향을 미치므로 삶의 태도와 가치관에 영향을 미친다. 현대인 대부분은 자기 자신의 죽음에 이성적으로 받아들이면서도 심리적으로는 거부감을 느끼는 경우가 많으며, 죽음을 자신과 무관한 것으로 생각한다. 죽음에 대한 준비로서 유언장 작성은 사회 전반적인 죽음 인식 개선에 긍정적 역할을 수행할 것이라 기대한다.

인간의 죽음은 피할 수 없는 과제이며 죽음에 대해 임박하게 실감하는 노인 세대에게는 죽음 자체보다는 어떻게 죽느냐 하는 문제가 더 중요하다. 따라서 죽음에 대해 준비하는 것이 필요하다. 죽음에 대한 준비와 죽음을 잘 수용하는 것은 노년기 발달 과업을 이루는 것이며 자아통합성을 달성하는 것이기도 하다. 인생 회고 및 죽음 준비, 웰다잉 시대 나와 남은 사람들을 위한 유언장 작성의 필요성은 다음과 같다. 첫째, 행복에 따른 죽음인식의 차이에 관한 연구에서 환자의 사망과 관련된 법률(유언, 상속, 장기 이식, 사전연명의료의향서 작성 등)에 관해서 들어봤지만 잘 모른다는 답의 비율이 가장 높게 나타났으며, 죽음에 대한 준비가 필요하다고 생각하느냐에 대한 문항에는 필요하다고 가장 많이 응답한 것으로 분석되었다. 둘째, 웰에이징을 위한 웰다잉 문화 확산 및 산업화 연구 조사에서 죽음에 대해 준비하지 않은 사람이 가장 우선적으로 준비해야 할 항목으로 는 유언장 작성이 제시되었다. 셋째, 남은 인생을 유의미하게 보내 기 위해서는 웰다잉 교육이 필요하고, 죽음 준비는 유언장 작성에서 부터 시작되어야 한다고 강조되고 있다. 죽음이 임박한 상황에서 유 언(遺言) 또는 유서(遺書)의 가치가 크게 다가올 수 있음을 감안한다면 이와 같은 반응은 수긍할 만하다. 가족을 비롯한 사랑하는 이들에게 남기는 말 또는 글의 구현으로서의 유언장은 죽음을 위한 필수적인 준비물이 될 것이다.

(2) 명사들의 유언

죽음을 눈앞에 둔 사람들은 제각기 유언을 하게 되며, 죽 음으로 가기 직전에 남기는 유언 속에는 그 사람의 인생관과 사상, 후회와 회개, 살아 있는 사람에게 남기는 부탁들이 담겨 있다. 한 사 례를 살펴보면 다음과 같다. 박종규 씨는 유서를 작성하여 가슴에 항상 넣고 다닌다. 교통사고라도 당했을 경우에 대비해 자신을 먼 저 발견한 사람이 이 유언대로 해주기를 바라는 마음에서이다. 아 내가 5년 전에 암으로 세상을 떠났는데 암이 너무 늦게 발견되어 잔 여 수명이 3개월밖에 남지 않았다고 한다. 남은 3개월을 집에서 투 병했는데 고통이 너무 심해지자 죽음에 대한 준비할 겨를이 없었다. 고통이 너무 심하고 죽음에 임박해서는 준비하기 어렵다는 것을 알았다. 그래서 자신은 유언장을 미리 작성하여 지니고 다닌다. "이 편지를 처음 발견한 사람은 나의 시신을 즉시 서울대학병원으로 옮기도록 부탁합니다. 본인은 본인의 활용 가능한 장기와 안구를 비롯한 내 시신 전부를 서울대학병원에 기증한다"라고 시신기증서도 작성해 놓았다. 그의 유언장 내용을 살펴보면 아래와 같다.

사랑하는 처와 자식들에게,

나는 내 평생을 행복하게 살았다고 생각한다. 하고 싶은 일도 하였고 물질적으로도 그만하면 모자람 없이 지낼 만했다. 아이들도 건강하게 잘 키웠고 교육도 본인들이 하고 싶은 만큼은 다 시켰다고 생각한다. 이만하면 수지맞은 인생을 산 것이다. 그런데 내가 행복하게 산 데에는 내 노력만이 아니라 다른 사람들의 도움이 컸다고 생각한다. … 기왕에 내 장기를 기증하는 마당에 내 시신도 의학도들의 실험 공부를 위하여 대학병원에 기증하기 바란다. 나중에 화장을 하고 유골을 내가 좋아하는 동해 바다에 뿌려주기 바란다. 평생을 바다와 함께 한 나로서는 바다로 돌아가는 것이 나의 큰 기쁨이다. … 일반적인 제사는 드리지 말라. 어느 집이나 맏며느리 되는 사람의 노고가 너무 크다. 기일 아침에 각자의 집에서 내 사진과 꽃 한 송이 꽂아 놓고 묵념 추도로 대신하기 바란다. 그리고 저녁에 음식점에 모여 형제간의 우의를 다지는 기회로 삼아라. 식비는 돌아가면서 내도록 하여라. 그리고 이러한 추도도 너희들 일대(一代)로 끝내기 바란다.

- 1998. 8. 25. 박종규

KCC 전 회장이었던 박종규 씨의 유언장을 살펴보면 그가 어떤 인생을 살아왔는지 가치관과 인생관을 알 수 있으며, 자신의 죽음에 관해 성찰하고 준비했다는 것을 알 수 있다. 첫째 자기 삶의 평가와 감사를 표현했다. "나는 내 평생을 행복하게 살았다고 생각한다"라고 하며 그렇게 행복하게 살아온 것에는 자신의 노력만이 아니라 다른 사람들의 도움이 컸다며 감사의 마음을 표현한다. 둘째, 시신 처리 및 장례에 대해 밝혀 놓았다. 장기기증은 물론 시신까지도 대학병원 의학도들에게 실험 공부를 위하여 기증한다고 밝혔으며, 화장 후 남은 유골은 바다에 뿌려달라며 해양장을 바라는 것을 알 수 있다. 셋째, 자신의 사후 제사 및 자녀들에게 남기는 당부의 말을 밝혔다. 일반적인 제사는 드리지 말라고 당부한다. 어느 한 사람, 즉 맏며느리의 노고를 덜어 주고 형제들끼리 공평하게 하고자 저녁에 음식점에 모여 함께 식사하되 식비는 돌아가면서 내도록 하라는 뜻을 밝혀 두었다. 추모일에 모여 형제간의 우의를 다지는 기회로 삼으라는 아버지로서의 따뜻한 당부도 잊지 않는다. 그리고 이러한 추도도 일대(一代)로 끝내도록 하라는 말은 전통에 매이지 않고 변화하는 시대에 맞추어 살도록 하려는 현명한 의지가 들어 있음을 알 수 있다.

　　생전에 많은 가르침을 전해준 법정 스님이 마지막으로 남긴 유언 역시 맑고 향기로운 삶의 마무리로 우리들 가슴에 많은 감동을 남기며 "나는 어떤 유언을 남길 것인가?"를 생각하게 한다. '무소유'를 설파해 온 법정(法頂) 스님(1932~2010)의 마지막 유언이다. "모든 분들께 깊이 감사드립니다. 어리석은 탓으로 제가 저지른 허물은 앞으로도 계속 참회하겠습니다. 내 것이라고 하는 것이 남아 있다면 모두 '(사)맑고 향기롭게'에 주어 맑고 향기로운 사회를 구현하는 활동에 사용토록 하여 주시기 바랍니다. 그러나 그동안 풀어 논 말빚을 다음 생으로 가져가지 않으려 하니 부디 내 이름으로 출판한 모든 출판물을 더 이상 출간하지 말아 주십시오. 감사합니다. 모두 성불하십시오." 법정(法頂) 스님의 유언은 '무소유'를 설파해온 그의 청빈한 삶과 정신을 반영하고 있으며 후세에게 찬란한 유산으로 남았다. 우리는 죽은 자의 마지막 메시지가 담겨 있는 유언을 읽으며 그들이 지향하는 삶을 알 수 있다.

세계 유명 인사들은 아래의 같은 유언을 남겼다.

- 공자: 지는 꽃잎처럼 현자는 그렇게 가는구나.
- 알렉산더: 내가 죽거든 묻을 때 손을 밖으로 내놓아 남들이 볼 수 있도록 하시오. 나는 단지 세상 사람들에게 천하를 쥐었던 알렉산더도 떠날 때는 빈손으로 간다는 것을 보여주고자 하는 것뿐이오.
- 칸트: 이것으로 족하다.
- 데카르트: 자, 이제 출발해야지.
- 루이 14세: 왜 우느냐? 내가 영원히 산다고 생각했나? 나는 사는 것보다 죽는 게 훨씬 어렵구나.
- 토마스 에디슨: 저쪽은 매우 아름다운 곳이다.
- 빅토르 위고: 가난한 사람들에게 5만 프랑을 전한다. 그들의 관을 제작하는 비용으로 사용되길 바란다. 교회의 추도식은 거부한다. 영혼으로부터의 기도를 요구한다. 신을 믿는다.
- 모파상: 나는 모든 것을 갖고자 했지만 결국 아무것도 갖지 못했다.

- 태조 왕건: 인생이란 원래 그렇게 덧없는 것이다.
- 이율곡: 사람을 채용하는 데 편중하지 말라.
- 이순신: 싸움이 급하니, 나의 죽음을 알리지 말라.
- 안중근: 내가 죽은 뒤에 나의 뼈를 하르빈 공원 곁에 묻어 두었다가 우리 국권이 회복되거든 고국으로 반장해 다오. 나는 천국에 가서도 또한 마땅히 우리나라의 회복을 위해 힘쓸 것이다. 너희들은 돌아가서 동포들에게 각각 모두 나라의 책임을 지고 국민의 의무를 다하여 마음을 같이 하고 힘을 합하여 공로를 세우고 업을 이루도록 일러 다오. 대한독립의 소리가 천국에 들려오면 나는 마땅히 춤을 추며 만세를 부를 것이다.
- 방정환: 문간에 검은 말이 끄는 검은 마차가 날 데리러 왔으니 떠나야겠소. 어린이를 두고 떠나니 잘 부탁하오.
- 김수환 추기경: 고맙습니다. 사랑합니다.

각각의 유서에는 그것을 남긴 사람의 다양한 삶의 양상이 기록되어 있다. 유서를 남긴 이들의 삶의 유형을 살펴봄으로써 우리가 유서들에서 노출되는 불안, 슬픔, 우울, 절망, 죽음(자살) 등 부정적인 요인을 극복할 수 있다면 웰에이징의 가치를 추구하고 공유하는 삶에 조금 더 가까이 다가설 수 있을 것이다.

2. 후회 없는 삶 아름다운 마무리

유언 작성은 지난 시간의 나와 주변을 되돌아보고 앞으로 나에게 다가올 죽음을 대비해 남은 삶을 어떻게 살아갈 것인지를 탐색하는 과정이다. 유언을 작성하면서 느꼈던 지나온 삶도 소중하지만 남아 있는 시간을 의미 있게 보낸다면 지나온 시간에 대한 후회보다는 남은 나의 삶이 더욱 가치 있고 아름답게 만들어질 것이다. 그렇다면 나는 지금 무엇을 해야 할까?

(1) 삶과 죽음

고대 인도인들이 생각한 인생의 행로 4단계는 학습기, 가주기, 임서기, 유랑기로 분류된다. 1단계 학습기(學習期)는 삶의 경험과 지혜를 스승으로부터 전수받는 기간이다. 2단계 가주기(家住期)는 가정을 이루고 자식도 키우며 사회활동을 하는 시기이다. 3단계 임서기(林棲期)는 집을 떠나 숲속에서 사는 기간이라는 뜻으로, 사회적인 의무를 마친 다음 자신의 하고 싶은 일을 위해 투자하는 기간이다. 4단계 유랑기(流浪期)는 여기저기 유랑하다가 길에서 죽는다는 뜻으로, 세속적 집착을 버리는 인생의 마지막 단계이다.

살아가는 방법을 배우고 사회생활을 하는 동안 자신을 되돌아보지 못하다가 사회적 의무를 마친 후 오롯이 내가 하고 싶은 일이 무엇인지를 생각하고 투자하나 결국은 유한한 삶의 이미를 생각하며 세속적 집착을 내려놓는 경험을 하는 것은 예나 지금이나 큰 차이가 없다. 품위 있는 죽음을 생각할 때 후회 없는 삶을 살기 위해 매 순간마다 인생의 소중한 의미를 생각하고 삶의 가치를 찾는 노력이 필요하다. 어느 순간 다가올 죽음에 대한 성찰의 결과가 죽음을 거부하고 부정적으로 인식하는 것이라면 삶을 소중히 받아들이지 못하게 된다.

삶과 죽음은 인생의 시작과 끝으로 연결되는 축이 된다. 그 연결선 위에 아쉬움과 후회, 두려움만 가득히 쌓기보다는 지금의 삶을 되돌아보고 후회 없는 삶을 만들며 아름다운 마무리를 준비할 필요가 있다. 죽음을 어떻게 받아들이고 죽음에 대한 의식을 만들어 가는지는 궁극적으로 삶의 성숙함을 결정하게 된다. 죽음의 이해가 없는 삶은 무의미하고 죽음의 이해는 지금의 삶의 의미를 가치 있게 만들어가는 힘이 된다. 그래서 죽음의 의미를 성찰하는 과정은 삶의 과정이고 죽음은 금기 대상이 아니라 평생 생각하고 의미를 찾는 행위이며 삶의 거울이 된다. 아름다운 죽음은 좋은 삶의 표상이며, 아름다운 삶은 좋은 죽음을 드러낸다.

'인생에서 가장 중요하게 생각하는 가치가 무엇인가?'라는 질문을 한다면 사람들은 다양하게 대답할 것이다. 건강, 사랑, 행복, 직업, 지위, 성취, 존중, 인정, 영적 평화, 경제적 부 등…. 그렇다고 인생의 가치가 한 가지 요소에만 집중되지는 않으며, 위에 제시된 요소들은 가중치가 다를 뿐 인생의 가치에 모두 작용한다. 가치관 형성에는 가정환경, 성장 과정, 교육, 재능, 관심사, 성격, 기질, 성향 등 다양한 요소가 개입된다. 우리는 학생 때부터 진로를 설정할 때 인생의 가치관 수립을 먼저 생각하며 살아왔다. 이는 내가 소중하게 생각하는 것들을 반영하여 직업을 탐색하기 위함이다. 그러나 직장생활을 하면서 중요하게 생각했던 가치관이 일상, 그리고 인생의 중심에 있지는 않다. 생애주기별, 상황별로 가치관의 우선순위도 변하기 마련이다. 지금 이 글을 읽고 있는 순간의 나에게 가장 소중한 가치는 무엇인가? 바쁜 일상에 갇혀 일에 모든 삶이 얽매여 있거나 인생의 가치를 잃고 하루하루를 의미 없게 살아가고 있다면 지금 나에게 꼭 확인할 필요가 있다. 지금 내 인생에 가장 소중한 가치는 무엇인가? 답을 내리기 어렵다면 인생을 유한한 삶으로 생각하고 나를 위한 삶을 위해 무엇을 우선순위로 둘 것인지부터 생각할 필요가 있다. 황신애 작가의 『나는 새해가 되면 유서를 쓴다』라는 책에는 나의 삶을 정리하는 유언장을 1년에 한 번 작성하면서 자신을 되돌아보는 시간을 갖는다는 내용이 있다.

"1년에 한 번 쓰는 유언장은 삶을 담백하게 정돈하는 일종의 의식이다. 매년 쓰다 보면, 지난 한 해 수고해서 얻고 남긴 것들을 새 유언장에 덧입힐 수도 있다. 유언장을 쓰고 나면 소중한 것이 무엇인지 명확해진다. 단 몇 장의 종이에 담긴 것들만이 소중한 것으로 남겨진다. 그 외의 것들은 없어도 그만인 것이다. 이처럼 중요한 것들을 정리하고 나면 마치 묵은 때를 벗겨낸 것처럼 머릿속이 가벼워

유언장 어떻게 쓸 것인가

지고 마음은 시원해진다. 바쁘고 힘들어도 미루지 말아야 할 일이 있다. 어렵고 귀찮아도 덮어 두어서는 안 되는 일이 있다. 나의 삶을 사랑한다면 아직 시간이 있을 때 소중한 것들과 남겨 둘 것을 챙겨 보자. 사랑하는 사람들을 위해 종이를 펼치고 펜을 들어 보자. 유언장을 쓰기에 오늘보다 더 좋은 날은 없다." 유서는 자기 죽음 이후의 일들에 대한 의지를 기록한 것으로, 이를 통해 죽음 앞에서 자기 모습을 깊이 있게 들여다보는 기회가 된다. 지금 생각하는 인생에서 가장 중요한 가치는 무엇인가? 유언장을 작성하지 않았다면 유언장을 작성한 후 다시 응답해 보길 바란다.

(2) 내가 바라는 나의 모습, 누군가의 기억 속에 존재하는 나의 모습

삶을 살다 보면 '나는 어떤 사람인가, 나는 어떤 사람이 되고 싶은가?'라는 생각을 하게 된다. 보통의 경우 사람들은 타인의 관점에 나의 모습이 어떻게 보일지 생각한다. 『미움받을 용기』라는 제목의 책까지 나온 걸 보면 사람들은 타인을 참 많이도 신경 쓰면서 살아간다. 논어에서 타인에게 미움받는 7가지 유형을 보면 타인의 나쁜 점을 이야기하는 것, 윗사람을 비방하는 것, 용감하지만 무례한 것, 과감하지만 융통성이 없는 것, 편견을 지혜롭다고 여기는 것, 불손함을 용감하다고 여기는 것, 혹독한 말로 타인을 공격하는 것을 이야기한다. 반대로 사람의 덕은 상대의 입장에서 생각하고 바른 행동을 하는 것, 예의를 지키는 것, 지혜로운 것, 믿을 만한 것, 자상한 것, 우정이 돈독한 것, 효도하는 것, 공손한 것, 용기가 있는 것이다.

전문가들은 자신을 있는 그대로 인정하고 단점까지도 사랑하는 마음과 긍정적인 자세가 행복으로 가는 지름길이라고 이야기한다. 하지만 자신의 현재 상황과 타고난 본성을 이유로 합치시키지 않는 사람도 많다. 지나친 '기대'와 타인과의 '비교'를 통해 행복과는 멀어지는 길을 택하는 것이다. 네 인생이 후회 없는 삶의 주체는 나여야 한다. 이 글을 읽는 순간만큼은 나를 위해, 나는 어떤 사람으로 삶을 살아가고자 하는지 생각할 필요가 있다. 관점을 바꾸어 타인이 아닌 오롯이 나의 삶을 어떻게 이끌어 가고 싶은지 생각할 필요가 있다. 그렇다면 다시 생각해 보자. '내 인생을 가치 있게 보내기 위해 나는 어떤 사람이고 싶은가?' 『오십에 읽는 논어』에서는 특히 스스로에게 미움받지 않을 행동을 강조한다. 바쁘게 사는 일상에서 정작 인생에서 중요한 나 자신을 놓치고 사는 것은 아닌지, 나 스스로를 되돌아 볼 필요가 있다. 바쁘다는 말을 입에 달고 살면서 인생의 중요한 것들을 놓치고 산다면 바삐 뛰다가 멈춘 한순간, 왜 그런 삶을 살았는지 소중한 것들을 잃고 산 나 스스로를 미워할 수도 있다. 직장을 위해 헌신하는 것만이 아닌, 나의 강점은 무엇인지 퍼스널 브랜드를 만들어가면서 사회생활을 한다면 퇴직 후 새로운 시작을 두려워하지 않을 자신감이 채워져 있을 것이다.

(3) 노년의 행복한 삶

노년, 즉 인생 후반이 행복한 사람이 결국 성공한 인생이다. 그렇다면 퇴직 후 노년기의 30년은 어떻게 살아야 행복할까? 칸트는 사람은 행복하기를 원하지만 누구도 자신이 원하는 바를 일관성 있고 명확하게 표현하지 못한다고 하면서 행복에는 세 가지 조건이 있다고 제시했다. 첫째는 하는 일이 있어야 하고 둘째는 사랑하는 사람이 있어야 하며 셋째는 희망하는 것이 있어야 한다는 것이다.

타마키 타다시는 노년기를 보내는 방법으로 4가지를 제안하고 있다. 첫 번째는 과거의 지위나 생활 습관을 버리고 리셋하는 것이 과거의 생활에 얽매이지 않고 새로운 삶에 대한 적응을 쉽게 할 수 있다고 했다. 두 번째는 가족관계를 정상화하는 것이다. 직장 다닐 때 가족보다 회사가 먼저인 경우가 많고 그래서 가족과 소원한 경우 가족이 자기 삶에 있어서 얼마나 중요한지 빨리 인식하고 가족과의 관계를 즉시 회복하는 것이 필요하다. 세 번째는 끊임없이 공부하는 것이다. 일에 치여 앞만 보고 달려야 했던 30년에서 해방되면 시간은 충분하다. 지금까지 하고 싶었던 공부를 얼마든지 할 수 있다. 지금껏 알지 못했던 것, 관심 있었던 것에 대해 배우는 즐거움은 최고로 사치스러운 시간이기도 하다. 네 번째, 경제적 여유를 확보하는 것으로 사회생활을 시작하면서부터 국민연금이나 개인연금 이외에 부동산, 주식, 금융 자산 등을 미리미리 확보하여 노후생활이 경제적으로 궁핍해지지 않도록 준비해야 한다. 노년에 경제적으로 여유가 없으면 몸도 마음도 건강한 삶을 살기가 쉽지 않은 것이 현실이기 때문이다.

공통적인 것은 나이가 들어도 일을 하면서 존재의 가치를 일깨울 필요가 있다는 것이다. 사회생활을 통한 경제적 이익의 창출이 아니더라도 배우고 싶은 것을 배우며 하고 싶은 일을 통해 얻는 삶의 만족은 남녀노소 어느 시기에서든 필수적인 요소이다. 100세 시대, 새로운 것을 시작하기에 노년기는 결코 늦지 않은 시기이다. 그러므로 노년기에 행복한 삶을 살아가기 위해 지속할 수 있는 소중한 일의 계획을 지금부터 준비해야 한다.

① 노년기 건강관리

미국 캘리포니아주 라 하브라 소재 건강관리증진연구소는 노인 500명과 인터뷰한 결과를 통해 노년기 건강관리에서 주의할 사항 10가지 중요한 사항을 제시했다.

- 언제 운전을 그만둘지를 아는 것이다.
- 노화 관련 보청기, 틀니, 돋보기나 보행보조기구 이용 거부는 도움을 거부하는 것이다.
- 의사에게 문제를 말하기를 꺼리는 것, 생식기 또는 비뇨기 관련 문제를 털어놓고 싶지 않은 등 사소하게 생각하는 문제는 질환의 증상일 수도 있으니 검사와 치료가 필요하다.
- 의사가 말한 것을 이해하지 못하는 것, 의사에게 되풀이해서 말해 달라고 요청하는 것을 꺼리거나 이해 못 했다고 인정하는 것

을 꺼리면 심각한 문제를 유발할 수 있다.

- 낙상(落傷)의 위험성을 간과하는 것, 낙상을 예방하려면 집 안 조명을 밝게 하고, 발에 잘 맞는 신발을 신으며 근육을 강화할 수 있는 운동을 해야 한다.

- 투약 계획을 세우지 못하는 것, 하루 일과표나 약 먹는 시간을 알려주는 약통, 기록표 등을 이용하고, 처방전과 복용 약 리스트를 복용 이유와 함께 보관해야 한다.

- 주치의가 한 명도 없는 것, 여러 의사에게 치료받을 때 건강 문제가 간과되거나 치료 방법이 충돌될 수 있으니 총괄 감독할 주치의가 있으면 과잉 치료나 불충분한 치료를 막을 수 있다.

- 증상 초기에 의사를 찾지 않는 것, 증상을 방치하거나 증상을 부인하는 것을 금해야 한다. 치료를 늦추면 증상이 심해지고 예후가 나빠진다.

- 예방 프로그램에 참여하지 않는 것, 건강을 유지하려면 독감이나 폐렴 예방주사를 맞아야 한다. 또 정기적으로 유방암 검사, 전립선 검사 등 신체검진을 받아야 한다.

- 도움을 청하지 않는 것, 계속 독립적이기를 원하거나 경증 치매가 있어도 도움 요청을 꺼린다면 상태가 더 나빠질 것이다. 건강상의 적신호를 사랑하는 사람에게 알리는 것이 중요하다.

② 노년기 정신건강관리

베카레비 박사의 연구에 의하면 젊은 시절 노인에 대해 부정적 생각을 했던 경험은 노인이 된 자기 스스로에게 부정적인 영향을 끼친다고 한다. 노화에 대해 부정적 생각을 가진 사람은 그렇지 않은 사람에 비해 노인이 되었을 때 기억력이 더 좋지 않았으며 청력 손실로 고통을 겪을 가능성도 컸다. 노인에 대한 긍정적인 생각은 내 노년기의 모습을 형성하므로 노년기의 긍정적인 면모를 살피고 현자의 모습을 갖추어야 한다. 나는 노인이 되었을 때 어떤 모습이길 바라는가? 노인에 대한 부정적인 인식이 있었다면 지금 그 생각을 떨치고 이상적인 노인의 모습을 되뇔 필요가 있다. 내가 생각한 노인의 부정적인 인식은 미래 나의 모습이 될 수 있다.

나이가 들면서 신체적, 사회적 변화는 노년기 우울함과 정신건강에 부정적 영향을 미치게 된다. 그렇다고 나이듦을 피할 수도 없고 청년 시기처럼 지낼 수도 없다. 그렇다면 어떤 생각이 정신건강에 이로울까? 정약용의 『노년유정』을 보면 답을 찾을 수 있다. 『노년유정』에서는 나이가 들어 잘 안 보이는 것은 큰 것을 보고 멀리 보기 위해서라는 가르침이 있다. 귀가 잘 안 들리는 것은 필요 없는 작은 말은 듣지 말고, 필요하고 중요한 말만 들으라는 것이다. 이가 시린 것은 연하고 따뜻한 음식을 먹어 소화불량이 없게 하기 위함이고, 걸음걸이가 변하는 것은 매사에 조심하고 언행을 삼가라는 것이다. 머리가 하얗게 되는 것은 멀리 있어도 나이가 든 사람인 것을 알아보게 하기 위한 조물주의 배려이다. 기억력이 떨어지는 것은 살아온 세월을 다 기억하지 말고 좋은 기억, 아름다운 추억만 기억하라

유언장 어떻게 쓸 것인가

는 것이냐. 이처럼 생각을 바꾸면 마음이 편안해지고, 부정하고 싶고 두려워했던 노년기의 변화를 받아들일 수 있다. 밉게 보면 잡초아닌 풀이 없고 곱게 보면 꽃 아닌 사람 없으니 자신을 꽃으로 보라는 말이 있다. 나 스스로를 소중히 꽃으로 여기지 않는데 누가 나를 꽃처럼 위하겠는가? 나이가 들면서 나를 위하는 마음의 중요함을 새삼 일깨워 준다. 긍정적인 생각은 긍정적인 삶을 이끈다는 것을 잊지 말고 실천해 보자.

3. 잘 쓰고 잘 남기기

내가 괜한 소리 하는 것 같지만 죽는 것도 사는 것처럼 계획과 목표가 있어야 한다는 거여. 한 사람의 음식 솜씨는 상차림에서 보이지만, 그 사람의 됨됨이는 설거지에서 나타나는 법이거든. 뒷모습이 깔끔해야 지켜보는 사람한테 뭐라도 하나 남겨지는 게 있는 거여.

- 연극 '염쟁이 유씨' 중에서

부자는 삼 대를 가지 못한다는 말이 있다. 부모는 열심히 모은 재산을 자녀에게 도움 되기를 바라는 마음으로 물려주지만 부모님의 가치관과 정신을 물려주지 않고 경제적 부만 남겨주는 것의 어리석음을 빗대어 하는 말이기도 하다. 돈을 벌고 재산을 잘 모으는 것은 중요하다. 그러나 잘 쓰는 것은 더욱 중요하며, 무엇을 남기고 갈 것인가는 더 많이 숙고해야 하는 일이다.

최근 우리 사회도 무엇을 남길 것인가에 관한 방법으로 유언장 작성에 관심이 증가하고 있다. 과거에는 유언장 작성이 터부시됐던 적이 있었지만 자기 뜻대로 재산에 관한 처분과 분할을 지정하며 자

유언장 어떻게 쓸 것인가

너들 사이의 분쟁도 방지하는 두 마리의 토끼를 잡기 위해서는 유언장을 작성하는 것이 매우 도움이 된다는 인식이 확산되고 있다. 유언장 작성이 하나의 문화로 서서히 자리 잡고 있다. 유언장을 어떻게 쓸 것인가는 결국 지금 어떻게 살고 있고 앞으로 어떻게 살아가느냐의 문제와 직접적인 연관이 있다. 사실, 유언장의 본래 목적은 재산상속이 아니라 자신이 살아낸 삶에 대한 진솔한 성찰을 물려주는 데 있는 것이기 때문이다.

우리 역사에 유언장 미리 쓰기 전통이 뿌리 깊게 있었음을 보여주는『내면기행』에서는 고려 및 조선의 선비 57명이 남긴 자찬묘표나 묘지에서 우리 조상들이 삶과 죽음을 어떤 태도로 바라보았고 어떻게 생각했는지를 보여준다. 이들의 삶은 각기 달랐어도 자손에게 남긴 교훈은 묘하게도 비슷하다. 자기 분수를 뛰어넘어서는 안 된다는 것이다. 그것들은 영속적인 의미를 지는 것들로서 정신적·영적인 유산을 이루는 것들이다. 삶의 전통으로 이어지기도 하고 삶에서 중요한 가치판단의 기준으로서 자리를 잡기도 한다. 이는 물질적인 부와 비교할 수 없는, 금보다 귀한 것이다.

대부분의 법적 유언장은 물질적 부를 상속하지만 이러한 윤리적 유언은 감정적, 정신적, 영적인 부를 남긴다. 윤리적 유언에는 삶의 가치, 신념, 지혜, 서사가 드러난다. 재정적인 물질을 남겨주는 것은 중요하지만 계승해 나가야 할 삶의 가치나 전통을 더 중요하게 생각하는 '윤리적 유언장'을 작성하는 것은 미래의 자녀들에게 남겨질 귀한 유산이 된다. 따라서 잘 쓰고 잘 남기기 위한 방법으로서 윤리적 유언장과 데스 클리닝에 관하여 다루어 보고자 한다.

(1) 윤리적 유언장

윤리적 유언장은 당신이 무엇을 믿고 무엇을 알고 무엇을 바라는지에 대한 메시지이다. 자산의 법적 양도 및 상속에 대한 내용을 제공하는 일반적인 전통 유언장과 달리 법적 구속력은 없지만 집안에서 계승되어야 할 전통이나 가치, 신념, 소망을 상속인 및 가족들에게 남기는 것이다. 이는 유대인들에게서 시작되었고, 창세기에서 죽음을 앞둔 야곱이 열두 아들에게 남기는 유언에서 근거한다. 죽음을 앞둔 야곱은 그의 아들들을 불러 축복을 해주며 자신을 애굽이 아닌 아브라함과 사라, 이삭과 리브가 등 자신들의 조상들이 묻힌 막벨라 밭에 장사하도록 유언을 남긴다. 그들에게 물려줄 수 있는 어떤 물질적 소유보다 자녀들에게는 그들의 핵심 가치를 깨닫게 한다. 따라서 윤리적 유언장은 다른 말로 유산편지(Life Legacy Letter)라고 하며 전통적으로 계승되어야 할 윤리적 가치를 한 세대에서 다음 세대로 전달하는 문서이다. 이렇게 꼭 지켜야 할 집안의 전통이나 유지를 당부의 말로 남기거나 편지로 남기는 것을 말한다. 윤리적 의지를 담은 편지는 당신의 자손들에게 원하는 가치와 소망이 잊히거나 무시되지 않도록 할 수 있다. 초기 랍비들은 남자들에게 전통의 윤리적 가르침을 전수하라고 촉구하였으며, 유대인들은 전통적으로 윤리적 유언장을 작성해 왔다. 이러한 관행은 오늘날에도 유대인과 이슬람교도들 사이에서 일반적으로 작성되고 있다. 미국에서 많은 사상자를 낸 9·11 사건과 허리케인 재해 재난이 있은 후 더 많은 사람들이 윤리적 유언장 작성의 필요성을 인식하고 윤리적 유언장을 작성하고 있다.

미네소타주 유-케어(Ucare)의 의료 이사이자 트윈 시티(Twin Cities)의 호스피스 의료 이사인 배리(Barry K. Baines)는 그의 저서『윤리적 유언』에서 윤리적 유언을 남기는 것은 개인의 가치, 신념, 축복 및 조언을 미래 세대에 전달하는 방법이라고 말한다. 즉, 윤리적 의지를 작성하는 것은 자신의 가치를 종이에 담는 것이며, 내가 누구인지 그리고 자신의 자녀들에게 무엇을 남겨 줄 수 있을 것인지 숙고하게 한다. 윤리적 의지를 작성하는 과정에서 자신의 과거를 반성하게 되고, 무엇을 계속해서 지켜 나갈 것인지 성찰하게 하여 삶을 더욱 깊어지게 하고 풍요롭게 한다. 앤드류 웨일(Andrew Weil)은 자신의 저서인『건강한 노화(Healthy Aging)』에서 윤리적 의지는 "우리의 삶과 노화의 사실을 이해하는 데 관심이 있는 사람들과 관련이 있다"라고 말한다. 윤리적인 유언장을 쓰는 이유는 무언가를 남기고 기억하는 방법이며, 다른 사람들이 미래에 배울 수 있도록 당신의 역사와 이야기를 문서화하는 방법이라고 말한다. 가족과 지역사회의 역사를 기록하고, 받은 유산과 지금까지 살아 온 경험을 보존하고 소통하는 것은 특권이자 책임이라고 믿는다.

유언 편지인 윤리적 유언장은 당신이 이 세상을 떠난 후 남겨질 가족에게 자기 삶과 관련하여 중요한 이야기를 전하는 것이며, 가족의 핵심 가치를 명확하게 하는 것이다. 소중한 가족의 역사를 공유하는 것이며, 여기에 더하여 앞으로 다가올 미래에 당신의 자녀들이 어떻게 살아가면 좋을지 살아가는 방법에 대해 도움을 주고자 하는 것이다. 법적 유언장이나 일반적인 유언장은 돈, 재산 및 기타 자산을 상속할 사람을 명시하는 것이지만 윤리적 유언장은 살아오면서 갖게 된 지혜와 기억과 같은 비물질적 물건과 사진, 가족 요리법 및 기타 특별한 의미가 있는 물건을 남길 수 있다. 이 문서에는 법적 유언장에서 내린 결정에 대한 설명도 포함될 수 있다. 윤리적 유언장에서는 다른 유산 계획 문서가 있다면 이를 보완하고 상속인과 당신의 희망 사항 및 계획에 대해 소통할 방법을 제공할 수 있다. 따라서 무엇을 포함해야 한다는 형식이나 규칙은 명확히 정해져 있지 않다. 다만 자신이 가장 소중하게 여기는 것들에 대해 진솔하게 편지로 남길 수 있다.

① 작성 방법

윤리적 유언장을 쓰는 가장 쉬운 방법은 편지 형식으로 쓰는 것이다. 유언 편지에서 다루는 일반적인 주제는 회고록이나 자서전의 내용과 유사할 수 있지만 당신의 자녀뿐만 아니라 손자, 손녀 그리고 그 이후 아직 만나지 못한 다음 세대까지도 사랑과 배움을 전하려는 의도에서 차별화된다. 당신 없이 그들이 세상을 살아갈 때 나침반이 되고 위안이 되는 선물이다. 새로운 가족 전통을 만들어가거나 당신이 오늘날 시작하는 전통에 영감을 줄 것이다. 에세이 형식으로 작성할 수도 있으며, 작성할 수 있는 내용은 공유하고 싶은 자신의 신념이나 의견, 당신의 인생의 중요한 사건을 남길 수 있다. 당신의 가치에 따라 행동하기 원했던 일이나 가족들에게 배웠던 것, 사랑과 감사의 표현을 할 수 있다.

유언장 어떻게 쓸 것인가

② 윤리적 유언을 작성하고자 할 때 생각을 정리하는 방법

첫째, 과거를 회상하기. 당신의 삶의 목표와 가치를 가장 잘 전달할 수 있는 가족 이야기를 생각해 보라. 가족에게 들려줘야 할 집안의 서사는 무엇인가. 어떤 교훈, 열정, 혹은 장애물이 당신의 삶에 영향을 주었으며 가치관을 형성하게 했는가. 당신의 자녀들에게 배울 점은 없는가.

둘째, 현재를 생각해 보기. 현재 당신의 개인적인 가치와 신념은 무엇이며, 시간이 지나면서 어떻게 바뀌어 왔는가. 자녀들에게 당신의 사랑과 감사를 어떻게 표현할 것인가. 인생의 이 시점으로 오기까지 당신이 중요한 결정을 할 때 도움이 된 원리는 무엇인가?

셋째, 미래를 생각해 보기. 당신의 남겨질 자녀 및 자손들에게 바라는 점과 꿈은 무엇인가. 어떤 조언을 전하고 싶은가. 상속인이 유언장을 읽는 방법이나 유언장에 담긴 당신의 뜻을 설명해야 할 필요는 있는가? 그들의 재능에 감탄하거나 칭찬하고 싶은 것은 없는가.

③ 들어갈 수 있는 내용

- 중요한 기억, 삶의 경험에 대한 반성
- 가족의 역사, 가장 소중한 추억
- 계승하고 물려주었으면 하는 종교적, 문화적 가족적 전통
- 가치, 원칙, 우선순위

- 통찰력, 지혜, 조언 또는 훈계
- 사랑, 감사, 축복
- 특정 사건에 대한 설명
- 행동 및 결정에 대한 근거
- 양해, 용서, 후회, 보상에 대한 것
- 사랑하는 자녀들에게 바라는 미래에 대한 희망
- 가장 좋아하는 인용문이나 공유하고 싶은 가르침
- 법적 유언장에 추가로 설명하고 싶은 내용

④ 작성 시기

윤리적 유언장 작성은 당신이 원하면 어느 때든지 작성할 수 있다. 당신이 아직 젊다고 하더라도 당신의 자녀와 가족들에게 삶의 교훈을 전하고 싶을 때 무엇을 남길 것인가 생각해 볼 좋은 기회로 삼을 수 있다. 한 번에 모든 것을 쓰지 않아도 된다. 기쁠 때나 어려울 때, 후회되는 일이 있을 때도 추가로 내용을 생각할 수 있다. 점차 새로운 내용을 추가하거나 수정할 수 있다. 윤리적 유언장은 공적 문서가 아니라 사적인 문서이므로 당신이 나이들어 감에 따라 자녀들에게 당부하고 싶은 말이나 계승되었으면 하는 가족의 가치, 종교적 신념 등에 대해 작성하고, 언제든지 강화하거나 보완하는 내용을 추가할 수 있다.

예시 1 - 사녀를 위한 윤리적 의지

사랑하는 아이들에게,

너희들의 부모가 된 것은 내 인생의 가장 큰 영광이었다.

너희들은 나에게 매일 기쁨을 가져다주었고 나는 너희들이 자랑스럽다.

더 이상 너희와 함께할 수 없지만 우리가 인생이라고 부르는 이 미친 모험을 통해 너희와 공유하고 싶은 몇 가지 교훈이 있다.

- 항상 친절하도록 해라. 모두가 알지 못하는 내면의 싸움을 하고 있다.
- 다른 사람과 자신을 비교하지 말아라. 우리는 모두 독특하고 각자의 여정이 있다. 모든 것은 뜻대로 될 것이다.
- 가족이 전부다. 항상 서로를 위해 거기에 있도록 해라.
- 웃음이 최고의 약이다. 우리가 사랑하는 사람들과 함께 하는 즐거운 웃음은 삶을 가볍게 만든다.
- 이 또한 지나가리라. 폭풍우가 영원히 지속되지는 않는다. 그리고 너희는 더 강하고 밝게 강해질 것이다.

나도 너희에게 부탁이 있다. 나는 항상 우리 가족이 호수까지 하이킹하는 것을 좋아했다.

1년에 한 번, 이 전통을 명예롭게 이어갈 수 있다면 좋겠다. 내가 바로 거기 너희들과 함께할 거야.

- 너희들의 영원한 사랑의 부모

예시 2 - 다산 정약용의 하피첩

　우리나라 조선 중기의 학자인 다산 정약용이 유배 생활 중 자녀들에게 남긴 편지인 하피첩은 윤리적 유언장이라고 할 수 있다. 다산은 1789년 과거에 급제하면서 벼슬길에 나가게 되었고, 정조(正祖)시대 심한 당쟁의 소용돌이 속에서 1801년부터 1818년까지 19년의 긴 세월 동안 경상도, 전라도 강진(康津) 등 여러 곳을 떠돌며 유배생활을 했다. 이 유배 기간 동안 부인 홍씨는 단 한 번도 남편을 찾아가지 않았다. 하지만 1810년 어느 날, 자신이 시집 올 때 입고 온, 거의 50년이 다 되어 지금은 붉은색이 보이지도 않을 만큼 너무 낡은 명주 치마 한 벌을 다산에게 보낸다. 다산은 이 치마의 성한 쪽을 잘 마름질하여 세 개의 서첩을 꾸몄다. 세상에 나가 처신하는 방법, 학문하는 자세, 효도하는 법, 도시에서 멀리 떨어져 살지 말라는 세심한 충고 등. 두 아들과 손자들이 앞으로 이 세상을 어떻게 살아갔으면 좋겠다는 다산의 심정을 표현했다. 첩 앞면에 이런 상황을 요약한 오언시 한 편과 열여덟 편의 짧은 글이 실려 있다.

　"근(勤: 부지런함)과 검(儉: 검소함), 두 글자는 좋은 밭이나 기름진 땅보다도 나은 것이니 일생 동안 써도 다 닳지 않을 것이다."

　"흉년이 들어 하늘을 원망하는 사람이 있다. 굶어 죽는 사람은 대체로 게으르다. 하늘은 게으른 사람에게 벌을 내려 죽인다."

유언장 어떻게 쓸 것인가

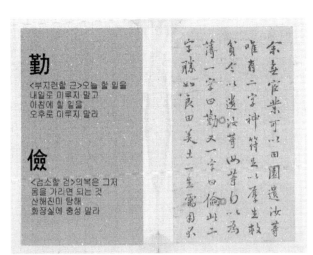

하피첩(2첩)에서 다산이 아들들에게 '勤(근면)'과 '儉(검소)'을 강조하는 부분
(출처: 국립중앙박물관)

(2) 데스 클리닝

　　유언장과 더불어 자기 삶을 정리하는 방법으로 '데스 클리닝(Death Cleaning)'을 소개하고자 한다. 데스 클리닝은 신조어지만, 사실 그 내용은 생소하지 않은 익숙한 행위이다. 데스 클리닝은 새로운 형태의 정리법으로 스웨덴에서 시작되어 미국, 일본 등으로 확산되어 유행하고 있다. 대부분의 나라에서는 죽음을 불길한 것으로 여기고 입에 올리기를 꺼리지만 스웨덴 사람들은 오래전부터 죽음을 준비하는 청소를 하기 시작했다. 데스 클리닝은 살아 있는 동안 자신의 물건들을 정리하고 처분해서 집을 말끔히 정리하는 것을 말한다. 죽음을 대비한 청소라고 할 수 있다. 최근 몇 년 전부터 '신박한 정리'라는 방송이 인기를 끌면서 집 정리정돈의 의미를 환기시켜 주고, 집을 정리정돈하는 것이 일반 대중들에게 확산된 적이 있다. 더욱이 2019년부터 코로나19 감염으로 인한 사회적 거리를 둘 수밖에 없는 사회적 상황이 되면서 집 안에서 활동하는 시간이 늘어나자 집 안을 쾌적하게 만드는 것에 대한 관심도가 증가하였다. 집 안 정리정돈은 물론 미니멀 라이프와 연계해 최소한의 소유를 지향하는 사람들이 늘고 있다. 데스 클리닝은 신박한 정리나 대청소와 비슷하지만 그 기본 정신은 다르다. 데스 클리닝은 단순히 가진 것을 분류해 버리는 대청소와는 다르다. 먼지를 털고 닦는 것이 아니라 일상을 더 원활하게 만드는 영구적인 정리 작업이다. 결국 우리 모두는 언젠가 죽을 것이고, 우리가 떠난 후에 우리의 물건이 사랑하는 사람들에게 짐이 되는 것을 원하지 않는다. 일상에서 맛있는 요리를 해서 행복하게 먹은 후에는 남은 음식 찌꺼기는 버리고 요리에 사용

　　　　　　　　　　　　　유언장 어떻게 쓸 것인가

한 조리도구와 접시 등을 설거지하여 정리를 말끔하게 하는 것처럼, 남겨질 사랑하는 사람들이 소중한 시간을 낭비하지 않도록 살아 있는 동안 반드시 내가 해야 하는 일이다.

보통은 50살 이후나 퇴직 후 65세쯤에 시작하기도 한다. 그러나 나이와 관계없이 한 번쯤 죽음을 가정하고 주위를 정돈해 보는 행위는 죽음을 대비하는 동시에 남은 삶을 더 가치 있게 보내도록 도와준다. 중년 이후 등 특정한 나이에 할 수도 있지만 반드시 연령과 죽음에 국한되는 것은 아니다. 살아 있는 동안 물건을 처분해서 덜 복잡한 삶을 살기 위한 선행적 행위이며, 지난날을 돌아보고 자신이 가지고 있는 물건을 정리하면서 나머지 인생을 다시 한번 계획하는 행위다. 지금까지 모으고 쌓는 습관에 익숙해져 있었다면, 이제부터는 버리는 연습을 시작해야 한다. 있는 것을 잘 쓰고 잘 버리는 것은 중요하다. 버리지 못한다는 것은 움켜쥐고 있고 싶은 것이 많고, 미련이 많이 남아 있다는 증거이다.

① 언제 시작해야 할까?

• 자신이 가지고 있는 물건의 위치를 알 수 없을 때

자신이 가지고 있는 물건의 위치를 알 수 없다면 이미 너무 많은 것을 소유하고 있다는 증거다. 과유불급(過猶不及)이라는 말이 있듯이 지나친 풍족함은 미치지 못함과 같다. 너무 많은 물건을 소유하고 사는 것은 풍족함이 아니다. 오히려 모자람과 같다는 것이다. 지나친 풍족함을 약간 덜어낸다면 삶은 더 쾌적하고 편안해질 것이다. 관리하거나 정리해야 할 것들에 치이기 전에 조금 일찍 착수한다면 누구든 즐겁게 데스 클리닝을 할 수 있다.

- **혼자 살게 되었을 경우, 더 작은 집으로 이사를 가게 된 경우, 양로원에 가게 된 경우**

혼자 살게 되었을 경우, 집을 줄여서 이사를 가게 될 경우 그동안 가지고 있던 불어난 살림을 정리할 수 있는 기회를 제공한다. 살림을 정리하는 일은 자신에게 소중한 것이 무엇인지 생각할 수 있는 기회가 되며, 정신적으로 불필요한 에너지를 줄일 수 있는 보너스를 얻을 수 있다.

② 보통 50세~65세에 시작할 수 있다

생애주기로 보면 50세~65세는 큰 변화를 맞이하는 시기이다. 자녀들이 직장, 결혼 등으로 독립하게 되어 자녀들의 생활도구를 정리하게 되는 시점이며, 직장에서 은퇴하는 시기로 그동안 살아오던 삶의 패턴이 바뀌게 되므로 정리를 할 좋은 기회가 된다. 또한 노년기에 접어드는 시기이므로 삶의 전환점에서 죽음을 성찰하고 준비해야 하는 시기이다.

유언장 어떻게 쓸 것인가

③ 어떻게 정리해야 할까

지금 가지고 있는 물건들을 네 가지로 분류할 수 있다. 꼭 필요한 물건, 있으면 유용한 물건, 사치품, 필요 없는 물건으로 구분하여 정리한다. 물건을 처분할 때는 상자를 만들어서 필요한 사람에게 선물하기, 과감하게 버리기, 깨끗하게 사용하기 등의 이름표를 붙이고 각각 필요한 곳으로 보낼 수 있다.

• **가장 큰 것부터 시작하라**

크기가 큰 것부터 시작해서 점차 작은 것으로 끝내야 한다. 의류-책-서류-소품-사진이나 편지 순으로 정리하라. 사진이나 편지 등에는 많은 추억과 감정이 어려 있기 때문에 감정이 작업을 방해하기 십상이다. 따라서 사진이나 편지 등 추억이 깃든 물건은 가장 나중에 정리하는 것이 좋다.

• **쉬운 것부터 시작하라**

눈에 띄는, 가장 많이 사용하는 것부터 시작하라. 그렇지 않으면 얼마 못 가서 정리를 포기하기 쉽다. 의류를 먼저 정리하는 것이 좋다. 옷장에 잘 입지 않거나 거의 입지 않는 옷들이 많기 때문이다. 옷은 보유하고 싶은 옷과 처분하고 싶은 옷으로 구분한다. 자주 입을 듯한 느낌이 들거나 강한 애착이 드는 옷을 보유하고, 잘 입지 않는 옷은 버리거나 기부하라.

• 필요한 사람에게 선물하라

당신이 사용하지 않는 물건들이 당신에게는 고물이지만 누군가에는 소중한 보물로 다시 태어날 수 있다. 독일이나 오스트리아, 일본 등 많은 나라에서는 자신의 물건들을 정리하여 필요한 사람에게 저렴한 가격에 파는 벼룩시장이 자주 열린다. 나에게는 소용이 없어진 물건이지만 다른 사람에게는 필요한 물건을 줌으로써 선물이 될 수 있다. 살아 있을 때 주어야 선물이다. 죽은 후 남겨진 물건은 유품일 뿐이다. 필요한 사람에게 나의 물건을 선물하는 것은 재활용과 자원 순환 효과도 있다. 나아가 더 단순한 삶, 소박한 삶에서 위안을 받을 수도 있다.

④ 데스 클리닝의 긍정적 효과

진정한 부자는 재물을 많이 가진 사람이 아니라 재물에 욕심을 부리지 않고 만족하는 사람이다. 정말 가난한 자는 재물이 부족한 사람이 아니라 욕심 때문에 좀처럼 만족을 하지 못하는 사람이다.

• 남은 배우자와 자녀의 짐을 덜어줄 수 있다

부부가 살다가 한 사람이 먼저 사망하면 남은 배우자가 유품을 정리하고 살림 규모를 줄여야 하는 수고를 하게 된다. 특히 여성들은 대부분 집안일을 잘하고 정리정돈을 할 수 있는 경우가 많지만, 아내가 먼저 사망하게 되면 그 정리를 남편이 하게 되는데 남성들은

유언장 어떻게 쓸 것인가

살림 정리에 어려움을 겪을 수 있다. 자녀도 마찬가지다. 내가 살던 자리를 정리하지 않으면 남겨진 자녀들이 그 수고를 떠맡게 되는데 사는 동안 정리하면 자녀의 짐을 덜어 줄 수 있다. 이는 남겨질 유족에 대한 배려가 된다.

• 더 많은 자유 시간을 가질 수 있다

노인들은 물건을 버리지 않고 쌓아 놓고 사는 경향이 있다. 필요하지 않아도 물건들을 버리지 못하는 경향이 있다. 물건마다 가진 사연이나 추억이 있는 경우는 더 버리지 못한다. 그러나 쌓아 놓은 물건은 피로와 무기력을 불러일으키기도 하며 과거에 집착하게도 한다. 물건들이 주는 피로감은 어느 날 갑자기 밀려올 수 있다. 따라서 데스 클리닝을 하며 쌓아 놓고 살았던 물건을 정리한 후에는 청소 시간에 들이는 시간과 노력이 줄어들게 되고 더 넓은 주거 공간을 확보할 수 있으며, 더 많은 자유 시간을 갖게 될 것이다.

• 육체적 건강과 정신적 건강을 가져다준다.

정리를 하지 않고 집 안 여기저기 쌓아 놓은 물건들은 안전사고를 일으킬 소지가 있다. 노인들은 종종 균형감각을 잃는데, 쌓아 놓은 물건들이 보행에 방해가 되거나 통로에 지장을 줄 수 있기 때문이다. 또한 잡동사니가 집 곳곳에 쌓이면 건강, 관계 및 생산성에 막대한 부정적 영향을 미친다. 집 정리를 한 후 쓰레기장에 가서 필요 없는 것들을 버려 보라. 쌓여 있던 물건을 버리면 개운함이 선물처럼 찾아오고 몸과 마음이 가벼워진다. 많이 가지고 사는 것이 만족스러운 삶이 아니다. 소유와 집착을 내려놓으면 정신적 건강과 육체적 건강이 올 것이다.

⑤ 초고령사회 일본의 슈카츠(종활)와 하시다 스카코의 데스
클리닝

> 나는 아무것도 남기지 않은 채로 죽고 싶다. … 막상 시작해보
> 니 할 일이 한둘이 아니었다. 먼저 모아뒀던 물건을 정리하는 일
> 부터 시작했다. 각본을 쓸 때 자료로 쓰려고 신문 기사 스크랩을
> 많이 해 뒀는데 모두 폐기했다. … 하루도 빼놓지 않고 썼던 일기
> 도 아흔 살이 됐을 때 그만뒀다.

> ― 하시다 스카코, 『나답게 살다 나답게 죽고 싶다』 중에서

1925년에 태어나 올해 95세가 된 일본인 하시다 스카코는 1983
년 NHK에서 방영된 일본 국민 드라마 『오싱』을 집필한 베스트셀
러 작가다. 부와 명예를 거머쥐고 남부러울 것 없이 살아오던 그
가 인생 말년에 자신의 신변을 정리하기 시작했다. 자신의 모든 유
산을 문화재단에 기증한다는 내용의 유언장을 작성하고, 원고·편
지·책·문서는 모두 필요한 곳에 기증하고 나머지는 버렸다. 은퇴를
공식 선언하고, 120개나 되는 핸드백도 모두 재활용센터에 팔았다.
세상에 올 때 빈손으로 온 것처럼 빈손으로 가겠다는 의지가 강하게
엿보인다. 하시다는 무려 2년 동안 임종 준비를 지속했다. 하시다의

이런 행동은 일본의 슈카츠 활동의 하나로서 실제적인 준비로 보인다. 재산상속을 어떻게 하고, 장례를 어떻게 치를지 미리 정해 두거나 연명치료 여부를 결정해 두는 것이다.

세계에서 고령사회가 일찍 시작된 일본에서는 10여 년 전부터 체력과 정신이 온전할 때 정리해야 한다는 인식이 노인들 사이에서 퍼졌다. 재산정리법, 묘지 고르는 법, 엔딩노트 쓰는 법, 입관 체험, 집 정리하는 법 등 실제적으로 필요한 종활 프로그램이 성황리에 이루어지고 있다. 일본의 엔딩사업에 들어가는 비용이 연간 45조 원에 이른다. 해마다 슈카츠 박람회가 개최되는데 늘 많은 사람들이 관심을 갖고 찾고 있으며, 다양한 체험 상품을 내보인다. 슈카츠 버스 투어 상품도 인기다. 여행사가 희망자를 모아 버스를 타고 교외 묘지를 둘러보고, 바다·강·산 등에 유골을 뿌리는 산골(散骨) 체험을 하고 돌아오는 프로그램이다. 유튜브 시대에 걸맞게 생전의 모습이 담긴 영상을 만들어주는 업체도 있다.

「終活」講座が人気

自分らしい最期考える

金銭設計や相続 専門家に学ぶ

人生の終わり 自分で演出

「終活」フェア 棺おけなど展示

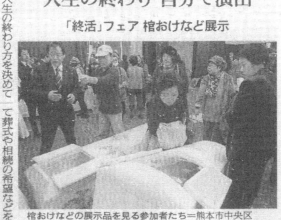

棺おけなどの展示品を見る参加者たち＝熊本市中央区

人生の終わり方を決めていきいきと暮らそうという「終活」フェアが、熊本市中央区のホテルであった。県内外から参加した約200人が、もしもの時に備えていた。

人生の終わり方を決めて葬式や相続の希望などを記す「エンディングノート」の書き方を習ったり、お気に入りの写真であらかじめ遺影を作ってもらったりしていた。

会場には、マンションのリビングにも調和する小型の家具調の仏壇や、排出される二酸化炭素が少ない段ボール製棺おけなどが展示され、参加者たちは興味深く見学していた。

友人と3人で来た熊本市東区の武富イサ子さん（76）は「昔は死を考えるだけで暗くなったけど、今は笑いながら話せる。自分の葬式をどうして欲しいのか子どもたちに伝えやすくなりました」と話していた。

（菊地洋行）

アサヒ신문, 2013. 3. 16.

4. 유언을 위한 조언

(1) 관계

　　유언의 사전적 의미는 첫째, '죽음에 이르러 말을 남김. 또는 그 말', 둘째, '자기의 사망으로 인하여 효력을 발생시킬 것을 목적으로 하여 행하는 단독의 의사표시'이다(네이버 어학사전 '유언' 검색). 이러한 유언의 정의는 '말을 남김'에 목적을 두느냐, 아니면 '효력의 발생'에 목적을 두느냐에 따라 방법과 형식이 달라진다. 먼저 효력의 발생을 위한 유언은 법적인 요건을 갖춰야만 가능하다. 그래서 법률적인 형식을 갖춰야 한다. 반면에 말을 남김에 목적을 두는 유언은 법률적인 효력과는 무관하며, 강제성도 없다. 따라서 권고나 권면, 또는 삶에 대한 자신만의 철학과 가치관이 담겨 있다. 최근 한국 사회에서 유언장 작성에 관심이 높은 이유는 상속 문제로 가족 간의 갈등이 많아졌기 때문이다. 보다 구체적으로 말하면 한 사람의 죽음은 상속 문제로 남은 가족들 간의 갈등을 유발할 가능성 때문에 사전에 법적으로 명확한 정리가 필요하다는 것이다. 그래서 좋은 유언장은 법적 효력을 확실하게 보장받을 수 있는 조건을 갖추는 것이다. 결국 현대사회에서 유언장은 법률적인 자문, 전문가들의 도움이 필요힌 서류가 되어 버렸다.

다른 하나는 죽음 교육, 웰다잉 차원에서 유언에 대한 관심이 높아졌다. 자신의 죽음으로 인해 발생할 문제를 생전에 준비하고 설계하여 자신의 의지를 적극적으로 반영하겠다는 의미를 담고 있다. 생전 죽음 준비는 유언장뿐만 아니라, 사전연명의료의향서, 생전장례계획 등이 여기에 포함된다.

우리가 유언에 대해 생각해볼 것은, 과연 유언이 누구를 위한 것이냐의 문제이다. 유언은 관계가 없다면 무의미하다. 그것이 재산 상속에 관한 것이든, 아니면 권면과 당부에 관한 것이든 관계가 없다면 무의미하다. 유언은 산 자와 죽은 자, 떠나가는 자와 떠나보내는 자와의 관계 속에서 필요한 것이다. 한 사람의 죽음이라는 사건은 관계의 단절을 의미한다. 여기에서 말하는 관계는 생물학적인 관계뿐만 아니라 인간의 실존으로서의 관계, 사회적 인간으로서의 관계를 의미한다. 구체적으로는 부부관계, 부모와 자식 관계, 그리고 삶을 살아온 한 인간으로서의 모든 관계를 의미한다. 이런 측면에서 볼 때 유언은 관계를 고려해야 한다. 죽음 앞에서 나는 배우자에게 어떤 유언을 남길 것인가, 나는 자녀에게 어떤 유언을 남길 것인가. 이러한 문제의식의 근본은 배우자 관계, 부자 관계 속에 근거하고 있다. 유언은 관계 속에서 설정되고 진행되기 때문에 어떤 관계냐에 따라서 그 내용과 형식이 달라진다.

(2) 본질적 의미

유언의 본질적인 의미는 무엇일까? 이 질문에 대한 답변은 법률적 효력 발생을 위한 부분을 제외하고 생각하면 쉽게 접근할 수 있다. '나는 재산을 제외하면 무엇을 남길 것인가'라는 물음으로 귀결되기 때문이다. 다시 말하면 '나의 죽음은 남은 자에게 어떤 의미를 주는가'다. 내가 많은 재산을 소유하고 있었다면 나의 죽음은 남은 자에게 재산을 남겨 준다. 이것은 인간적으로는 슬픈 일임에는 분명하지만 남은 자에게는 경제적인 유익함을 가져다준다. 이러한 경우만을 놓고 생각한다면 물려줄 재산이 적거나 없다면, 나의 죽음은 생물학적인 죽음 그 이상도 그 이하도 아니다.

나는 무엇을 남길 것인가? 옛말에 '호랑이는 죽어서 가죽을 남기고 사람은 죽어서 이름을 남긴다'라고 했다. 여기서 이름이란 나를 호명하는 글자가 아니라 그 사람의 삶의 궤적, 자취를 말한다. 그 사람이 어떤 삶을 살아왔는가에 대한 후대 사람들의 평가일 것이다. 평가는 크게는 국가 또는 사회로부터, 작게는 한 인간에 대한 가족들이 한다. 이것은 말이 아닌 나의 삶 그 자체가 유언이 됨을 의미한다. 유언은 일반적으로 부모가 자식에게 당부하는 말, 권면하는 말이다. 물론 정치지도자, 사회지도자, 종교지도자가 남기는 말도 있지만, 이것은 유언이라기보다는 유훈, 유지에 가깝다고 할 수 있다.

지금까지 유언에 대한 논의를 정리하면 죽음을 맞이하는 자가 남아 있는 자에게 하는 말(글)이다. 그래서 유언은 아래로 내리는 것이다. 그러나 뒤집어서 산 자가 죽어 가는 자에게 하는 말도 있다. 이것도 남기는 말이라는 측면에서만 놓고 본다면 유언이라고 할 수

유언장 어떻게 쓸 것인가

있다. 부모님에게 이렇게 살겠다, 이런 부분은 꼭 지키겠다는 등의 말이 있다. 이것은 죽어 가는 자를 안심시키기 위한 말, 편안한 마음으로 죽음을 맞이할 수 있도록 남은 자가 죽어 가는 자에게 남기는 말이다. 물론 이것은 죽은 자가 확인할 수 있는 것이 아니기 때문에 법적인 효력의 발생과는 거리가 있다. 또한 다른 사람들로부터 실행 여부에 대해 평가를 받는 것도 아니다. 실행은 전적으로 당사자의 일이다. 하지만 구조만 다를 뿐이지 산 자가 죽은 자에게 하는 유언이 될 수 있다.

유언의 본질은 나의 삶을 위한 것이다. 유언은 다른 사람이 아닌 '나'를 위한 것이 되어야 한다. 그래야만 유언이 주는 의미를 찾을 수 있다. 유언의 본질은 결국 어떻게 살 것인가의 문제를 진지하게 성찰하는 것이다. 유언의 의미는 어떻게 죽을 것인가에 대한 실존적 인간으로서의 진술한 고백에서 찾을 수 있다. 유언은 죽음 앞에서 남기는 마지막 말이 아니라 자신이 죽음에 이르기까지 살아 있는 동안 어떻게 살아갈 것인가에 대한 삶의 지도가 되어야 한다. 그래서 일정한 주기를 갖고 유언을 작성하는 것도 의미가 있을 것이다.

시간은 직선적인 시간, 순환적인 시간이 있다. 직선적인 시간은 한번 지나가면 되돌릴 수 없는 시간이다. 사람이 태어나고 성인이 되어 결혼하고 늙어서 죽음에 이르는 과정과 같은 시간이다. 이러한 시간은 불가역적인 특성을 가지고 있으며, 시작이 있으면 끝이 있다. 그리고 일생에 한 번밖에는 경험하지 않는다. 예를 들어 두 번 태어날 수 없고, 성인이 두 번 될 수 없다.

반면에 순환적인 시간이 있다. 이 시간은 되돌릴 수 있다. 물론 지나간 물리적인 시간은 되돌릴 수 없지만, 의미론적으로 볼 때 순환적 시간은 되돌릴 수 있다. 매년 시간은 흐르지만 1년을 주기로 시간은 반복된다. 올해 하지 못한 것은 내년에 할 수 있다. 1년을 주기로 매년 반복되기 때문이다. 예를 들어 올해 생일을 기념하지 못했다면 내년에는 잊지 않고 기념할 수 있다. 올해 결혼기념일 이벤트를 진행하지 못했다면 내년에는 할 수 있다. 이처럼 매년 반복되는 일들은 올해 못 한다면 내년에 다시 할 수 있다. 인간의 삶은 직선적 시간과 순환적 시간으로 구성되어 있다. 나를 위한 유언장을 작성한다면 죽음이 임박해서는 직선적 시간의 유언장을, 그리고 이외의 시간에는 나를 위한 순환적 시간의 유언장을 작성할 수 있다.

(3) 유언대용신탁제도

유언의 법적인 효력을 넘어서 실질적인 실행을 위한 제도로 유언대용신탁이 있다. 유언대용신탁은 유언장이 없어도 유언과 같은 법적인 효력을 발생하는 특징을 갖고 있어서 최근 관심을 두는 사람들이 증가하고 있다. 유언대용신탁은 '고객이 생전에 수탁자인 은행, 증권사, 보험사, 신탁회사 등과 신탁 계약을 맺고 각종 재산의 소유권을 이전한 뒤 생전 및 사후의 관리와 배분을 맡기는 것'을 말한다. '생전에는 자산의 운용수익, 사망한 이후에는 신탁재산 원본을 물려주는 형태'로 운영된다.[9] 유언대용신탁은 무엇보다 고객이

9 서병호, '고령화 시대 유언대용신탁의 역할 및 활성화 방안', 한국금융연구원, 『주간

유언장 어떻게 쓸 것인가

원하는 방식으로 사후에 집행된다는 장점이 있다. 유언장 작성이나 유언의 법적 효력을 갖추기 위한 요건을 고민해야 하는 문제에서 벗어날 수 있다는 장점을 갖고 있다.

한국 사회에 '유품정리사'라는 새로운 직업이 생겨났다. 한국직업사전에는 유품정리사를 '유족 및 의뢰인을 대신하여 고인의 유품, 재산 등을 정리하고, 사망한 장소에 남겨진 오염물을 처리'하는 사람으로 규정하고 있다(네이버 지식백과, 유품정리사, 한국직업사전, 2016). 유품정리사는 일본에서 고령화 시대 고독사나 장례를 치를 자녀가 없는 경우가 증가하면서 고인의 유품을 처리하는 현실적인 문제를 해결하는 과정에서 등장했다. 2016년 일본 유품정리사인정협회 자료에 따르면 약 1만 6,000명이 유품정리사로 활동하고 있으며, 등록법인도 900여 개 되는 것으로 조사되었다.[10]

우리나라의 경우에도 유품정리사로 활동하는 사람들이 증가하고 있다. 한 사례로, 홀로 고독하게 죽은 사람들의 유품을 정리하는 유품정리사 김새별 씨는 죽음의 현장은 삶을 말하고 있다고 말한다.[11] "죽음을 어떻게 준비할 것인가에 대하여 죽음의 현장에서 목격한 것들을 생각해보면 죽음에 대한 준비는 항상 필요한 것 같다. 항상 준비하고 있다. 집안 사정이 넉넉지 못해 많은 것을 해줄 수는 없지만, 가족들과 추억을 쌓고 아이들에게 사랑을 많이 주고 싶다. 행

금융브리프』30권 6호, 2021년 3월, pp. 3-11.

10 '인생의 마감을 준비하는 마지막 유품정리', 『브라보 마이 라이프』, 2017. 8. 9. https://bravo.etoday.co.kr/view/atc_view.php?varAtcId=7425

11 '죽음의 현장에서 보이는 것 - 김새별 유품정리사', 『단대신문』, 2022. 5. 31. http://dknews.dankook.ac.kr/news/articleView.html?idxno=18366

복하게 살다가 죽을 때 사랑했던 사람들과 좋은 추억을 가져가는 것이 좋은 죽음이라고 생각한다. 죽음의 현장을 가까이서 지켜보면서 느낀 것은 사랑하는 사람들과의 추억이 중요하다는 것이었다. 세상을 떠난 뒤 남는 것은 돈도 명예도 아닌 누군가를 사랑하고 사랑받았던 기억이며 함께 행복했던 추억이다."[12] 결국 다양한 죽음의 현장에서 인생을 의미 있게 사는 법을 생각해 보게 된다고 한다. 삶을 마감하는 순간에는 사랑을 주고받은 기억뿐이라는 것을 깨닫는다고 말한다. 또한 그는 현장에서의 경험을 토대로 책을 쓰기도 했는데, 그의 저서 『떠난 후에 남겨진 것들』에서 삶의 마무리를 위한 방법 7가지를 제시한다.

유품정리사가 알려주는 아름다운 마무리를 위한 7계명

1. 삶의 질서를 세우기 위해 정리를 습관화하기
2. 직접 하기 힘든 말이 있다면 글로 적기
3. 중요한 물건은 찾기 쉬운 곳에 보관하기
4. 가족들에게 병 숨기지 않기
5. 가진 것들은 충분히 사용하기
6. 누구 때문이 아닌 자신을 위한 삶을 살기
7. 아름다운 추억 많이 남기기

---

12 김새별, 전애원, 『떠난 후에 남겨진 것들』, 청림출판, 2020.

유언장 어떻게 쓸 것인가

유언장의 의미와 실천에서 유언을 위한 조언을 요약하면 다음과 같다. 첫째, 유언은 관계를 고려해서 작성해야 한다. 관계를 생각한다면 배우자를 위한 유언과 자녀를 위한 조언이 다를 수밖에 없다. 둘째, 유언의 본질을 생각해야 한다. 법적인 효력 발생을 위한 재산상속이 아니라면, 유언은 자신을 위한 것이어야 한다. 나를 위한 유언이 될 때 나는 어떻게 살 것인가, 어떻게 죽을 것인가에 대한 실존적인 물음을 해결할 수 있다. 셋째, 유언의 실천은 남은 자가 아니라 떠나가는 자의 일이다. 자신의 일을 남은 사람들에게 부탁하는 것이 아니라 가능하면 자신이 직접 해결하고 실천하는 장치를 마련해야 한다. 그것이 물건이든 디지털 자료이든 자신과 관련된 모든 것은 자신이 정리할 수 있는 조건을 만들어야 한다. 이것이 100세 시대, 고령화 시대를 살아가는 사람들이 고민해야 할 유언을 위한 조언이 아닐까 생각한다.

제5장

법적 효력이 있는 유언장

HOW TO WRITE
A WILL

1. 유언

이번 장에서는 유언의 의의와 방식을 살펴보고 생활에서 적절하게 활용할 수 있는 방법을 익힌다. 또 상속의 개념을 이해하여 유언과 상속의 연관성을 이해한다.

최근 상속으로 인한 유가족 간의 갈등이 증가하면서 공평한 상속을 위한 유언장의 중요성이 점차 증가하고 있다. 유산과 상속의 문제는 특정한 사람에게만 해당하는 것이 아니라 사람은 어떤 형태로든 살아왔던 흔적을 남기므로 대부분 모든 사람에게 발생한다. 그 흔적이 물질적인 것이든 정신적인 것이든 남아 있는 가족들이나 자녀들에게 영향을 줄 수 있다. 따라서 자신이 살아온 시간을 되돌아보고 유산에 대해 생각해 보는 것은 자기 삶의 정리이자 소중한 가족들의 남은 삶도 생각해보는 시간이 될 수 있다.

사람이 사망한 경우 생전에 가지고 있던 재산상 권리·의무가 일정한 범위의 가족들에게 당연히 이전되며 이를 상속이라고 한다. 개인이 자기의 재산을 자신의 마음대로 사용·수익·처분한다는 사적자치 및 사유재산제를 근거로 유언에 의해 사후에도 자기 재산을 임의로 처분할 수 있다. 이에 따라, 상속은 유언으로 상속인을 지정하는 유언상속과 법률에 의해 상속인을 정하는 법정상속이 존재한다.

법정상속은 사망하기 전에 미리 유언을 남기지 않을 경우 그 공백을 매우기 위해 2차로 적용된다는 성격을 가지고 있다. 아래에서는 먼저 유언상속을 먼저 살펴본 이후 법정상속을 알아보도록 한다.

(1) 유언의 의의

유언은 유언자가 살아생전에 남긴 최종적인 유언에 법적 효과를 인정하고, 유언자가 사망한 이후에 그 유언대로 실현되는 것을 보장하기 위한 제도이다. 유언의 대상은 재산에 관한 것과 상속이나 부양, 신분관계 등 관련한 내용을 포함한다.

(2) 유언의 성질 및 요건

첫째, 본인이 사망한 이후에 일정한 법률 효과(재산 분배, 부양 등)를 발생시킬 것을 목적으로 일정한 법적 사항에 관하여 법률이 정한 방식에 따라 하는 상대방이 없이 홀로 할 수 있는 단독행위이다.[13] 즉, 사람이 자기가 사망한 후에 재산의 처분이나 자녀의 처우

---

13 **헌법재판소 2008. 3. 27. 2006헌바82 결정.** 유언은 유언자가 그 표시행위를 완료하

등에 관하여 법적인 효력을 갖는 의사표시를 하는 것이며, 유언자가 사망해야 효력이 발생한다(민법 제1073조).[14] 둘째, 유언이 법률적 효력을 갖기 위해서는 법률이 정한 요건을 갖추어야 하며, 만 17세 이상이면 누구나 할 수 있다(민법 제1060조, 제1061조).[15] 셋째, 유언은 유언자 본인의 독립된 의사에 의하여 이루어져야 하며 대리가 허용되지 않는다. 넷째, 유언자가 사망하기 전에는 언제든지 유언의 전부 또는 일부의 철회가 가능하며(민법 제1108조 제1항),[16] 여러 장의 유언장의 각기 다른 유언장이 있을 경우 이 중에서 가장 최후의 것이 효력을 갖는다(민법 제1109조).[17]

① 유언이 있더라도 상속을 받지 못하는 경우(상속결격자 민법 제1064조, 제1004조)[18]

였을 때 성립하며 유언자가 사망한 때에 일정한 효과가 발생하는 사후적 법률행위로 상대방 없는 단독행위이다.

14 **민법 제1073조(유언의 효력발생시기)** ① 유언은 유언자가 사망한 때로부터 그 효력이 생긴다. ② 유언에 정지조건이 있는 경우에 그 조건이 유언자의 사망 후에 성취한 때에는 그 조건 성취한 때로부터 유언의 효력이 생긴다.

15 **민법 제1060조(유언의 요식성)** 유언은 본법의 정한 방식에 의하지 아니하면 효력이 생하지 아니한다. 제1061조(유언적령) 만 17세에 달하지 못한 자는 유언을 하지 못한다.

16 **민법 제1108조(유언의 철회)** 유언자는 언제든지 유언 또는 생전행위로써 유언의 전부나 일부를 철회할 수 있다.

17 **민법 제1109조(유언의 저촉)** 전후의 유언이 저촉되거나 유언후의 생전행위가 유언과 저촉되는 경우에는 그 저촉된 부분의 전 유언은 이를 철회한 것으로 본다.

18 **민법 제1064조(유언과 태아, 상속결격자)** 제1000조 제3항, 제1004조의 규정은 수증자에

　　　　　　　　　　　　유언장 어떻게 쓸 것인가

부모를 죽이거나 죽이러 한 사, 사기 상박으로 유언하게 하거나 유언을 방해한 자, 유언서를 위변조, 파기, 은닉한 자는 수중 결격자로 유언의 수중자가 되지 못하여 상속을 받지 못한다.

② 유언은 철회와 취소가 가능하다

사기, 강박으로 인하여 유언의 의사를 표시하였거나 착오로 인하여 유언이 행하여진 때는 유언의 철회와 취소를 할 수 있다(민법 제1108조, 제1109조, 제110조).[19] 유언자가 살아 있을 때는 유언자가 취소할 수 있으며(민법 제1108조), 유언자가 사망 후에는 상속인(또는 유언집행자)이 유언을 취소할 수 있다(민법 제110조 제1항 및 제140조).

준용한다. 제1004조(상속인의 결격사유) 다음 각 호의 어느 하나에 해당한 자는 상속인이 되지 못한다. 1. 고의로 직계존속, 피상속인, 그 배우자 또는 상속의 선순위나 동순위에 있는 자를 살해하거나 살해하려 한 자 2. 고의로 직계존속, 피상속인과 그 배우자에게 상해를 가하여 사망에 이르게 한 자 3. 사기 또는 강박으로 피상속인의 상속에 관한 유언 또는 유언의 철회를 방해한 자 4. 사기 또는 강박으로 피상속인의 상속에 관한 유언을 하게 한 자 5. 피상속인의 상속에 관한 유언서를 위조·변조·파기 또는 은닉한 자

19 민법 제1108조 각주 16)항 참조. 제1109조 각주 17)항 참조. **제110조(사기, 강박에 의한 의사표시)** ① 사기나 강박에 의한 의사표시는 취소할 수 있다. ② 상대방 있는 의사표시에 관하여 제삼자가 사기나 강박을 행한 경우에는 상대방이 그 사실을 알았거나 알 수 있었을 경우에 한하여 그 의사표시를 취소할 수 있다. ③ 전2항의 의사표시의 취소는 선의의 제삼자에게 대항하지 못한다.

2. 유언의 종류

　우리나라 민법이 정한 유언의 종류는 5가지다. △ 자필증서 △ 녹음에 의한 유언 △ 공정증서에 의한 유언 △ 비밀증서에 의한 유언 △ 구수증서에 의한 유언이 있다(민법 제1065조).[20] 각 유언에서 요구하는 요건을 갖추어야 유언의 효력이 발생한다.

(1) 자필증서

　예시 – 자필증서에 의한 유언장 양식의 예

　유언장

---

20 **민법 제1065조(유언의 보통방식)** 유언의 방식은 자필증서, 녹음, 공정증서, 비밀증서와 구수증서의 5종으로 한다.

유언장 어떻게 쓸 것인가

유언자: 홍길동

생년월일: ○○○○년 ○월 ○일

주소: ○○시 ○○구 ○○동 ○○번지 ○○호

(유언 내용)

나는 다음과 같이 유언한다.

1. ○○시 ○○동 ○○번 대지 ○○평방미터는 장남 A에게 준다.

2. ○○시 ○○동 ○○번지 ○○아파트 ○○동 ○○호의 집은
   차남 B에게 준다.

3. (유언집행자 지정) 유언의 이행을 위하여 유언집행자로 C를 지
   정한다.

작성일자: ○○○○년 ○○월 ○○일

작성자: 홍길동 (날인)

유언자 본인이 자필로 작성한 것으로, 유언장의 필수요건인 유언 내용, 성명, 주소, 작성연월일, 작성 장소, 날인이 있어야 한다(민법 제1066조).[21] 가장 간편한 방식이나 유언 내용 전문, 주소 성명, 작성연월일을 반드시 자필로 쓰고 날인을 해야 성립하며, 어느 것 하나라도 누락되면 무효가 된다. 컴퓨터로 작성한 후 프린트하여 날인하거나, 다른 사람이 작성해서 날인만 본인이 작성한 것도 무효이

---

21 **민법 제1066조(자필증서에 의한 유언)** ① 자필증서에 의한 유언은 유언자가 그 전문과 연월일, 주소, 성명을 자서하고 날인하여야 한다. ② 전항의 증서에 문자의 삽입, 삭제 또는 변경을 함에는 유언자가 이를 자서하고 날인하여야 한다.

다. 유언자가 사망한 경우 유언장을 발견한 사람이나 가지고 있던 사람은 가정법원으로 가지고 가서 검인 절차를 밟아야 한다(민법 제1091조).[22] 유언자의 주소는 반드시 유언 전문과 동일한 지편에 기재하여야 하는 것은 아니고, 유언증서로서 일체성이 인정되는 이상 그 전문을 담은 봉투에 기재하더라도 무방하다.[23] 유언은 외국어나 속기문자도 가능하다.[24] 자필증서에 의한 유언은 문자를 아는 사람이라면 혼자서도 할 수 있고, 비용도 거의 필요하지 아니하며, 장소 여하를 묻지 아니하고 비교적 간단하게 작성할 수 있다는 편리성이 있다. 또한 유언의 내용뿐 아니라 그 존재 자체도 비밀로 유지할 수 있다는 장점이 있다. 그러나 문자를 모르는 자는 이용할 수 없고, 법률을 잘 모르는 경우 방식의 불비, 내용의 불명확성이 발생하여 유언의 효력에 대하여 다툼이 발생할 여지가 있으며, 유언서(장)가 분

---

22 **민법 제1091조(유언증서, 녹음의 검인)** ① 유언의 증서나 녹음을 보관한 자 또는 이를 발견한 자는 유언자의 사망 후 지체없이 법원에 제출하여 그 검인을 청구하여야 한다. ② 전항의 규정은 공정증서나 구수증서에 의한 유언에 적용하지 아니한다.

23 **대법원 1998. 5. 29. 선고 97다38503 판결 [소유권이전등기]** 자필증서에 의한 유언은 유언자가 그 전문과 연월일, 주소, 성명을 자서(自書)하고 날인하여야 하는바(민법 제1066조 제1항), 유언자의 주소는 반드시 유언 전문과 동일한 지편에 기재하여야 하는 것은 아니고, 유언증서로서 일체성이 인정되는 이상 그 전문을 담은 봉투에 기재하더라도 무방하며, 그 날인은 무인에 의한 경우에도 유효하고, 유언증서에 문자의 삽입, 삭제 또는 변경을 함에는 유언자가 이를 자서하고 날인하여야 하나(민법 제1066조 제2항), 증서의 기재 자체로 보아 명백한 오기를 정정함에 지나지 아니하는 경우에는 그 정정 부분에 날인을 하지 않았다고 하더라도 그 효력에는 영향이 없다.

24 ① 주석 민법 p. 561, 편집대표: 민유숙, 한국사법행정학회, 발간연도: 2020. 7. (제5판)
② 찾기 쉬운 생활법령정보, 법제처(https://easylaw.go.kr/CSP/CnpClsMain.laf?popMenu=ov&csmSeq=234&ccfNo=2&cciNo=1&cnpClsNo=1)

유언장 어떻게 쓸 것인가

실·위조·변조될 위험성이 있다.[25]

사례 - 주소를 썼지만 휴지조각 된 사례: 구체적인 주소를 쓰지 않은 사례

대법원은 유언장의 말미에 작성연월일(2005. 11. 2.), 주민등록번호, 성명을 자서한 후 날인하였고, 작성연월일 옆에 '암사동에서'라고 기재한 사례에서, "설령 망인이 원심 인정과 같이 원고의 위 암사동 주소지에서 거주하였다고 볼 수 있다 하더라도, 망인이 이 사건 유언장에 기재한 '암사동에서'라는 부분을 다른 주소와 구별되는 정도의 표시를 갖춘 생활의 근거되는 곳을 기재한 것으로 보기는 어렵다. 따라서 이 사건 유언장은 주소의 자서가 누락되어 법정된 요건과 방식에 어긋나므로 그 효력이 없다고 할 것이다." 판단하였다.[26]

---

25 주석 민법 p. 558-559, 편집대표: 민유숙, 한국사법행정학회, 발간연도: 2020. 7. (제5판)

26 **대법원 2014. 9. 26. 선고 2012다71688 판결 [소유권이전등기말소등기]** 자필증서에 의한 유언은 민법 제1066조 제1항의 규정에 따라 유언자가 전문과 연월일, 주소, 성명을 모두 자서하고 날인하여야만 효력이 있고, 유언자가 주소를 자서하지 않았다면 이는 법정된 요건과 방식에 어긋난 유언으로서 효력을 부정하지 않을 수 없으며, 유언자의 특정에 지장이 없다고 하여 달리 볼 수 없다. 여기서 자서가 필요한 주소는 반드시 주민등록법에 의하여 등록된 곳일 필요는 없으나, 적어도 민법 제18조에서 정한 생활의 근거되는 곳으로서 다른 장소와 구별되는 정도의 표시를 갖추어야 한다.

(2) 녹음에 의한 유언

유언의 취지와 내용, 유언자 본인의 성명, 작성 연월일을 녹음한다(민법 제1067조). 반드시 증인이 참석하여야 하고, 참석한 증인은 유언의 정확함과 유언자와 증인의 이름을 정확히 말해야 하고 날짜를 밝혀야 한다. 미성년자, 후견을 받고 있는 자, 유언에 의해 이익을 받을 자, 배우자와 직계 혈족은 증인이 될 수 없다. 유언자 사망 후 가정법원에 '검인' 청구를 해야 한다. 오디오, 비디오(동영상), 디지털 녹음 등 녹음의 방법에는 제한이 없다. 또한 외국어로도 유언이 가능하다.[27] 녹음에 의한 유언은 녹음기만 있으면 문자를 모르는 자도 이용할 수 있는 장점이 있으나, 녹음된 것이 잘못하여 소멸되거나, 변조가 쉽게 이루어질 수 있다는 단점이 있다.[28]

(3) 공정증서에 의한 유언

유언자가 2인의 증인이 참여한 가운데 법률전문가인 공증인에게 유언의 내용(취지)을 말하고 공증인이 이를 작성한다(민법 제1068조).[29] 이때 공증인은 작성한 내용을 낭독하여, 유언자와 증인이

---

27 윤진수, 친족상속법 강의(제2판), 박영사(2018), p. 515.

28 주석 민법 p. 559, 편집대표: 민유숙, 한국사법행정학회, 발간연도: 2020. 7. (제5판)

29 **민법 제1068조(공정증서에 의한 유언)** 공정증서에 의한 유언은 유언자가 증인 2인이 참

확인하고 승인한 후 긱자 서명 또는 기명날인한다. 승인은 미성년 자, 시각장애인, 공증인과 관련된 자는 증인이 될 수 없다(민법 제1072 조).[30] 증인은 이러한 결격사유가 없어야 하고, 유언자가 유언을 시작 할 때부터 증서 작성이 끝날 때까지 참여해야 한다. 공증인은 공증 업무를 수행할 수 있는 자격을 갖춘 자이거나 법무장관으로부터 공 증인가를 받은 법무법인 등을 말한다. 공증된 유언장은 정본은 유 언자가 갖고, 원본은 공증인 사무소에서 보관한다. 공정증서에 의 한 유언은 유언자가 사망한 후 법원의 검인을 받지 않아도 된다. 공 정증서에 의한 유언은 문자를 모르는 자도 말할 수 있는 한 할 수 있 고, 공증인이 유언에 관여하므로 방식의 불비도 생길 우려가 적고, 공증인이 증서를 보관하므로 분실·은닉·변개될 위험이 적다. 그러 나 유언의 방식이 복잡하고 비용이 들며 유언의 내용이 누설되기 쉬 운 것이 단점이다.[31] 공증비용은 공증가액의 0.15%에 21,500원을 더 한 금액으로 최대 300만 원을 초과할 수 없다.

여한 공증인의 면전에서 유언의 취지를 구수하고 공증인이 이를 필기낭독하여 유언 자와 증인이 그 정확함을 승인한 후 각자 서명 또는 기명날인하여야 한다.

30 **민법 제1072조(증인의 결격사유)** ① 다음 각 호의 어느 하나에 해당하는 사람은 유언에 참여하는 증인이 되지 못한다. 1. 미성년자 2. 피성년후견인과 피한정후견인 3. 유언 으로 이익을 받을 사람, 그의 배우자와 직계혈족 ② 공정증서에 의한 유언에는 「공증 인법」에 따른 결격자는 증인이 되지 못한다.

31 주석 민법 p. 559, 편집대표: 민유숙, 한국사법행정학회, 발간연도: 2020. 7. (제5판)

사례 - 고개만 끄덕인 경우

대법원은 공증업무를 취급하는 변호사가 반혼수상태로 병원에 입원 중인 유언자에게 유언 취지를 묻자 유언자가 고개를 끄덕거린 것만으로 민법 제1068조 소정의 공정증서가 작성된 것이라고 볼 수 없으므로 그 유언은 무효라고 판단하였다.[32]

(4) 비밀증서에 의한 유언

비밀증서는 유언자가 자필증서를 작성하고 밀봉하여 그 쓴 사람이 성명을 기입한다(민법 제1069조).[33] 이후 유언서를 봉투에 담아 밀봉하고, 그 표면에 2인 이상의 증인의 서명 또는 기명날인을 받아야 한다. 유언자가 봉투에 제출 연월일을 기재한다. 유언서를 작성한 날이 아니라 증인들에게 제출한 날짜를 연월일로 정확히 기재하여야 한다. 표면에 기입된 날로부터 5일 이내에 공증인 또는 법

---

32 대법원 1993. 6. 8. 선고 92다8750 판결 [유언무효]

33 **민법 제1069조(비밀증서에 의한 유언)** ① 비밀증서에 의한 유언은 유언자가 필자의 성명을 기입한 증서를 엄봉날인하고 이를 2인 이상의 증인의 면전에 제출하여 자기의 유언서임을 표시한 후 그 봉서표면에 제출연월일을 기재하고 유언자와 증인이 각자 서명 또는 기명날인하여야 한다. ② 전항의 방식에 의한 유언봉서는 그 표면에 기재된 날로부터 5일 내에 공증인 또는 법원서기에게 제출하여 그 봉인상에 확정일자인을 받아야 한다.

원의 확정일자 검인을 받아두어야 한다(민법 제1091조). 또한, 유언자의 사망 후 법원의 검인을 받아야 한다. 유언의 엄격한 형식에 비추어 요건을 확실하게 갖추지 않은 비밀증서에 의한 유언은 무효로 될 가능성이 있다. 비밀증서에 의한 유언이 그 방식을 갖추지 못하였더라도 자필증서의 방식의 요건을 갖추었다면 자필증서에 의한 유언으로 본다(민법 제1071조).[34]

비밀증서에 의한 유언은 유언의 내용을 비밀로 하고 싶을 때 유용하나, 비밀증서의 성립에 다툼이 발생할 우려가 있고, 분실·훼손의 위험이 있으며, 확정일자 인을 별도로 받아야 한다는 단점이 있다.[35]

(5) 구수증서에 의한 유언

유언자가 하는 말을 그대로 받아 적는 방법이다(민법 제1070조).[36] 유언자가 질병 등 그 밖에 긴급한 상황일 경우 등에 사용하

---

34 **제1071조(비밀증서에 의한 유언의 전환)** 비밀증서에 의한 유언이 그 방식에 흠결이 있는 경우에 그 증서가 자필증서의 방식에 적합한 때에는 자필증서에 의한 유언으로 본다.

35 주석 민법 p. 559, 편집대표: 민유숙, 한국사법행정학회, 발간연도: 2020. 7.(제5판)

36 **민법 제1070조(구수증서에 의한 유언)** ① 구수증서에 의한 유언은 질병 기타 급박한 사유로 인하여 전4조의 방식에 의할 수 없는 경우에 유언자가 2인 이상의 증인의 참여로 그 1인에게 유언의 취지를 구수하고 그 구수를 받은 자가 이를 필기낭독하여 유언자의 증인이 그 정확함을 승인한 후 각자 서명 또는 기명날인하여야 한다. ② 전항의 방식에 의한 유언은 그 증인 또는 이해관계인이 급박한 사유의 종료한 날로부터 7일

며, 다른 방식에 따라 유언할 수 없는 경우에 한다. 반드시 2명 이상의 증인 앞에서 구술하여야 하며, 유언자 및 증인 모두 유언의 내용이 틀리지 않음을 확인한 후 서명 혹은 기명날인해야 한다. 구수유언은 유언자가 위독하거나 급박한 경우에 하는 유언이므로 다른 방식의 유언을 할 수 있는 경우라면 무효가 된다. 유언서의 작성일 이후 7일 이내에 가정법원에 검인을 신청해야 한다.

구수증서에 의한 유언은 급박한 경우에 간단한 형식으로 할 수 있다는 장점이 있으나, 보통의 방식에 의한 유언이 가능한 경우에는 허용되지 않고, 가정법원의 검인 절차를 반드시 거쳐야 한다는 것이 단점이다.[37]

사례 – 다른 유언이 가능한 경우

대법원은 "구수증서에 의한 유언은 질병 기타 급박한 사유로 인하여 민법 제1066조 내지 제1069조 소정의 자필증서, 녹음, 공정증서 및 비밀증서의 방식에 의하여 할 수 없는 경우에 허용되는 것으로 규정하고 있는 이상, 유언자가 질병 기타 급박한 사유에 있는지 여부를 판단함에 있어서는 유언자의 진의를 존중하기 위하여 유언자의 주관적 입장을 고려할 필요가 있을지 모르지만, 자필증서, 녹음, 공정증서 및 비밀증서의 방식에 의한 유언이 객관적으로 가능한 경우까지 구수증서에 의한 유언을 허용하여야 하

내에 법원에 그 검인을 신청하여야 한다. ③ 제1063조제2항의 규정은 구수증서에 의한 유언에 적용하지 아니한다.

37 주석 민법 p. 559, 편집대표: 민유숙, 한국사법행정학회, 발간연도: 2020. 7. (제5판)

유언장 어떻게 쓸 것인가

는 것은 아니다"라고 판단하였다.[38]

사례 – "음", "어"라고만 말한 경우

대법원은 유언 당시에 자신의 의사를 제대로 말로 표현할 수 없는 유언자가 유언 취지의 확인을 구하는 변호사의 질문에 대하여 고개를 끄덕이거나 "음", "어"라고 말한 것만으로는 민법 제1070조가 정한 유언의 취지를 구수한 것으로 볼 수 없다고 판단하였다.[39]

---

38 대법원 1999. 9. 3. 선고 98다17800 판결 [유언무효확인]
39 대법원 2006. 3. 9. 선고 2005다57899 판결 [유언무효확인의소]

3. 유언의 법적 효력

　　유언은 유언자가 사망한 때로부터 그 효력이 생긴다(민법 제1073조).[40] 유언에 조건이 있을 경우 그 조건이 유언자의 사망 후에 성취된 때에는 그 조건이 성취된 때로부터 유언의 효력이 생긴다. 유언은 유언자가 사망하기 전까지는 언제든지 유언의 전부나 일부를 철회할 수 있다(민법 제1108조).[41]

　　또 전후의 유언이 저촉되거나 유언 후의 생전행위가 유언과 저촉되는 경우에는 그 저촉된 부분의 전 유언, 유언자가 고의로 유언증서 또는 유증의 목적물을 파훼한 때에는 그 파훼한 부분에 관한 유언은 이를 철회한 것으로 본다(민법 제1109조 및 제1110조).[42] 유언을

40　**민법 제1073조(유언의 효력발생시기)** ① 유언은 유언자가 사망한 때로부터 그 효력이 생긴다. ② 유언에 정지조건이 있는 경우에 그 조건이 유언자의 사망 후에 성취한 때에는 그 조건 성취한 때로부터 유언의 효력이 생긴다.

41　**민법 제1108조(유언의 철회)** ① 유언자는 언제든지 유언 또는 생전행위로써 유언의 전부나 일부를 철회할 수 있다. ② 유언자는 그 유언을 철회할 권리를 포기하지 못한다.

42　**민법 제1109조(유언의 저촉)** 전후의 유언이 저촉되거나 유언후의 생전행위가 유언과 저촉되는 경우에는 그 저촉된 부분의 전 유언은 이를 철회한 것으로 본다. **제1110조 (파훼로 인한 유언의 철회)** 유언자가 고의로 유언증서 또는 유증의 목적물을 파훼한 때에는 그 파훼한 부분에 관한 유언은 이를 철회한 것으로 본다.

　　　　　　　　　　　　　　　　　　　　유언장 어떻게 쓸 것인가

철회하면 처음부터 없었던 깃으로 된다.

(1) 유증

유증은 상속인이 아닌 자들에게 유언과 동일한 효력(재산
상속)을 갖게 하는 방법이다. 이는 유언자가 유언으로 자기의 재산
을 타인(수유자)에게 사후에 무상으로 증여하는 단독행위이다. 유증
을 받는 타인(수유자)는 친족관계로 한정되지 않고, 자연인(사람)뿐만
아니라 법인도 유증을 받을 수 있다. 유증에는 상속재산의 전부 또
는 일정한 비용을 유언으로 증여하는 포괄유증과 구체적 재산을 목
적으로 하는 특정유증이 존재한다. 포괄유증을 받은 자는 상속인과
동일한 권리·의무가 있으므로(민법 제1078조)[43], 상속인과 마찬가지로
채무를 포함하여 상속재산을 포괄적으로 승계한다.

---

43 **민법 제1078조(포괄적 수증자의 권리의무)** 포괄적 유증을 받은 자는 상속인과 동일한 권
　리의무가 있다.

(2) 유류분제도

유류분제도는 유언의 효력을 제한하는 제도다. 피상속인이 재산을 상속자에게 전혀 남기지 않는다는 유언을 남겨 놓았다면 상속자는 유류분 청구 권리만 주장할 수 있다. 유언의 내용에 따라 피상속인의 증여, 유증에도 불구하고 상속인이 받을 수 있는 최소한의 상속분을 신청할 수 있으며 이를 상속받을 수 있도록 하였다. 유언과 상속에 있어서 불합리한 것을 조정하기 위한 제도이다.

유류분권리자는 피상속인의 직계비속, 배우자, 직계존속, 형제자매이다. 상속인의 유류분은 피상속인의 직계비속과 배우자는 1/2, 직계존속과 형제자매는 1/3이다. 유류분권리자는 수증자·수유자 및 그 포괄승계인을 대상으로 재판상 또는 재판 외의 방법으로 유류분반환청구를 할 수 있다. 유류분반환청구는 유증에 대하여 먼저 청구하고 반환받은 후에 증여에 대하여 청구할 수 있다(민법 제1116조).[44] 반환 방법은 원칙적으로 원물반환이며, 예외적으로 원물반환이 불가능할 경우 가액 상당을 반환하여야 한다.

유류분반환청구는 유류분권리자가 상속의 개시와 반환하여야 할 증여 또는 유증을 한 사실을 안 때로부터 1년 이내에, 상속이 개시한 때로부터 10년 이내에 해야 한다(민법 제1117조). 상속이 개시한 때는 피상속인이 사망한 때를 말하며, 사망한 날로부터 소멸시효는 10년이다. 그러나 증여나 유증을 알았지만, 유류분반환의 대상이 된

---

44 **민법 제1116조(반환의 순서)** 증여에 대하여는 유증을 반환받은 후가 아니면 이것을 청구할 수 없다.

다는 사실을 알지 못했다면 1년의 소멸시효가 진행되지 않는다.

법무부는 지난 2021년 11월 9일 유류분제도는 상속이 주로 장남에게만 이루어지던 시대적 배경을 바탕으로 다른 가족들에게도 최소한의 균등한 상속을 보장하기 위하여 도입되었으나, 농경사회·대가족제를 바탕으로 한 이른바 '가산관념'이 약화되어, 형제자매의 경우 피상속인과 유대관계가 약화되고 상속개시 시 피상속인과 독립적으로 생계를 유지하는 경우가 많아, 이에 피상속인의 유언의 자유를 제한하면서까지 그 유류분을 보장할 필요가 적다는 이유로, 형제자매를 유류분권리자에서 제외하는 민법 일부개정법률(안) 입법예고를 하였다. 유류분제도가 있는 일본, 독일, 프랑스 등 대부분의 나라에서도 형제자매의 유류분을 인정하지 않고 있다.

사례 - 유류분 부족액 반환 방법

증여 또는 유증을 받은 재산 등의 가액이 자기 고유의 유류분액을 초과하는 수인의 공동상속인이 유류분권리자에게 반환하여야 할 재산과 범위를 정할 때에, 수인의 공동상속인이 유증받은 재산의 총 가액이 유류분권리자의 유류분 부족액을 초과하는 경우에는 유류분 부족액의 범위 내에서 각자의 수유재산(受遺財産)을 반환하면 되는 것이지 이를 놓아 두고 수증재산(受贈財産)을 반환할 것은 아니다. 이 경우 수인의 공동상속인이 유류분권리자의 유류분 부족액을 각자의 수유재산으로 반환할 때 분담하여야 할 액은 각자 증여 또는 유증을 받은 재산 등의 가액이 자기 고유의 유류분액을 초과하는 가액의 비율에 따라 안분하여 정하되, 그 중 어느 공동상속인의 수유재산의 가액이 그의 분담액에 미치지 못하여 분담액 부족분이 발생하더라도 이를 그의 수증재산으로 반환할 것이 아니라, 자신의 수유재산의 가액이 자신의 분담액을 초과하는 다른 공동상속인들이 위 분담액 부족분을 위 비율에 따라 다시 안분하여 그들의 수유재산으로 반환하여야 한다. 나아가 어느 공동상속인 1인이 수개의 재산을 유증받아 각 수유재산으로 유류분권리자에게 반환하여야 할 분담액을 반환하는 경우, 반환하여야 할 각 수유재산의 범위는 특별한 사정이 없는 한 민법 제1115조 제2항을 유추 적용하여 각 수유재산의 가액에 비례하여 안분하는 방법으로 정함이 타당하다.[45]

45 대법원 2013. 3. 14. 선고 2010다 42624,42631 판결 [유류분반환·손해배상(기)]

유언장 어떻게 쓸 것인가

4. 유언의 법적 효력 관련 사례

(1) 핸드폰에 유언을 남긴 경우

녹음 기능, 동영상 촬영 기능을 통해 남긴 유언은 민법 제 1067조의 '녹음에 의한 유언'으로 인정될 수 있다. 그러나, 문자 기능, 메모 기능에 남긴 유언은 자필증서의 요건인 자서(自書)의 요건을 갖추지 못하였으므로, 효력이 없다고 할 것이다.

(2) 유언장에 년, 월, 일 모두가 적혀 있지 않은 경우

민법 제1066조 자필증서에 의한 유언은 '년, 월, 일' 모두를 적어야 한다고 규정하고 있다. 따라서 유언장에 '년, 월, 일' 중 하나라도 빠져 있다면 이는 무효가 된다. 그러므로 날짜 모두를 기입하는 것을 특히 유의해야 한다.

(3) 유언자가 스스로 한 유언을 절대로 바꾸지 않겠다고 약속한 경우

　　민법 제1108조는 유언자는 언제든지 유언의 전부나 일부를 철회할 수 있으며, 유언을 철회할 권리를 포기하지 못한다고 규정하고 있다. 즉, 유언자가 스스로 한 유언을 절대로 바꾸지 않겠다고 약속한 경우에도 유언자는 유언을 얼마든지 바꿀 수 있다. 그러므로 유언의 철회로 인한 불확실성을 줄이기 위해서는 살아생전에 증여를 받는 것이 하나의 방법이 된다.

(4) 불륜관계를 유지하는 대가로 유증을 하는 경우

　　민법 제103조는 "선량한 풍속 기타 사회질서에 위반한 사항을 내용으로 하는 법률행위는 무효로 한다"라고 규정하고 있다. 불륜을 유지하는 대가로 유증을 하는 것은 그 내용 자체가 반사회질서적일 뿐 아니라, 법률적으로 강제하거나 법률 행위에 반사회질서적인 조건 또는 금전적인 대가가 결부됨으로써 반사회질서의 성질을 띠게 되는 경우에 해당된다고 판단되므로 그 유증의 효력은 무효라고 할 것이다.

　　　　　　　　　　　　　　　유언장 어떻게 쓸 것인가

5. 상속

(1) 상속의 의의

상속이란 피상속인(자연인)의 사망에 의하여 그에게 속하였던 재산상의 권리 및 의무나 재산상의 지위를 상속인이 포괄적으로 승계하는 것을 말한다(민법 제1005조).[46] 상속에는 상속인이 법률의 규정에 의하여 정하여지는 법정상속과 피상속인이 유언으로 상속인을 지정하는 유언상속으로 나눌 수 있다. 법정상속에는 상속인의 사망 또는 결격 여부에 따라 상속인이 사망이나 결격 없이 상속순위에 따라 상속받는 본위상속과 상속인이 될 직계비속 또는 형제자매가 상속개시 전에 사망하거나 결격자가 된 경우 그 직계비속이나 배우자가 상속인이 되는 대습상속이 있다. 상속인은 피상속인이 사망하였을 때 피상속인이 가지고 있던 재산상 권리·의무를 승계받는 법적 자격을 가진 자를 말하고, 상속인은 상속능력이 있어야 하고 상속순위가 존재하며, 상속 결격사유가 없어야 한다.

---

46 **민법 제1005조(상속과 포괄적 권리의무의 승계)** 상속인은 상속개시된 때로부터 피상속인의 재산에 관한 포괄적 권리의무를 승계한다. 그러나 피상속인의 일신에 전속한 것은 그러하지 아니하다.

(2) 상속재산

사망한 사람이 사망 당시 가지고 있던 일체의 재산상의 권리와 의무가 포괄적으로 상속된다(민법 제1005조).[47]

부동산(가옥, 토지)과 동산(현금, 의류, 패물, 그림), 주택임차권, 채권, 지적재산권(저작권, 상표권, 실용신안권), 무체재산권(광업권, 어업권 등), 채무(차용금 반환채무, 보증채무)도 상속재산에 포함된다.

사례 - 상속의 포기 및 단순승인

2008. 12. 1. 부(父)의 사망으로 단독 상속인이 된 A는 장례를 치르고 2009. 1. 15.에 자신의 빚을 갚기 위해 상속받은 예금 1천만 원을 찾아 모두 소비하였다. 그런데 2009. 3. 5.에 A가 몰랐던 부(父)의 채권자 B가 찾아와 차용증을 보여주며 1천 500만 원을 변제하라고 한다. A는 상속개시 당시 채무의 존재를 몰랐음을 이유로 이 변제를 거절하고, 이때라도 상속의 포기를 할 수 있을까?

상속인이 상속재산에 대한 처분행위를 한 때, 상속인이 상속 승인의 고려기간(민법 제1019조 제1항) 내에 한정승인 또는 포기를 하지 않은 때 및 상속인이 한정승인 또는 포기한 후에 상속재산을 은닉(隱匿)하거나 부정소비(不正消費)하거나 고의로 재산목록에 기입하지 않은 때에는 상속인이 단순승인을 한 것으로 본다(민법 제

---

47 **민법 제1005조(상속과 포괄적 권리의무의 승계)** 상속인은 상속개시된 때로부터 피상속인의 재산에 관한 포괄적 권리의무를 승계한다. 그러나 피상속인의 일신에 전속한 것은 그러하지 아니하다.

1026조).

A는 2009. 1. 15.에 상속재산을 처분하였으므로 상속이 단순 승인되었다. A는 이후에 별도의 채무가 있음을 알았더라도 상속 포기를 할 수 없지만, 상속인이 착오·사기·강박을 원인으로 상속의 승인을 한 경우에는 이를 이유로 상속의 승인을 취소할 수 있다.

그러나 그 취소권은 추인할 수 있는 날로부터 3개월, 승인 또는 포기한 날로부터 1년 내에 행사하지 않으면 시효로 인해 소멸된다(민법 제1024조제2항).

(3) 상속의 개시 시기

사람의 사망에는 자연적 사망과 실종선고에 의한 실종사망(민법 제27조, 보통실종, 특별실종),[48] 그리고 재난 시 관공서의 통보에 의하여 사망으로 추정하는 인정사망 등이 있다.[49]

---

48 △ **보통실종 - 민법 제27조(실종의 선고) 제1항** ① 부재자의 생사가 5년간 분명하지 아니한 때에는 법원은 이해관계인이나 검사의 청구에 의하여 실종선고를 하여야 한다.
△ **특별실종 - 민법 제27조(실종의 선고) 제2항** ② 전지에 임한 자, 침몰한 선박 중에 있던 자, 추락한 항공기 중에 있던 자, 기타 사망의 원인이 될 위난을 당한 자의 생사가 전쟁종지후 또는 선박의 침몰, 항공기의 추락 기타 위난이 종료한 후 1년간 분명하지 아니한 때에도 제1항과 같다.

49 인정사망은 재난으로 사망이 확실시되지만 사망의 확증이 없는 경우에는 진단서나

(4) 상속능력

상속능력이란 상속인이 될 수 있는 법적 자격을 말한다. 권리능력이 있는 자, 즉 자연인(自然人)인 사람은 태어나면서 당연히 권리능력을 가지는 상속능력을 가진다. 그러나, 법인은 상속능력을 가지지 못하나 포괄적 수증자로서 상속인과 동일한 지위를 가질 수 있다(민법 제1078조).[50] 태아는 상속순위에 관하여 이미 출생한 것으로 보므로(민법 제1000조 제3항)[51], 판례에 의할 경우 태아가 살아서 출생할 경우 상속개시시로 소급하여 상속능력을 가진다.[52]

검안서 대신 관공서의 보고에 의하여 가족관계등록부에 사망의 기재를 하여 사망을 추정하는 제도를 말한다. 인정사망의 경우에는 사고를 조사한 관공서가 인정한 시기가 사망시가 된다. 가족관계의 등록 등에 관한 법률 제87조(재난 등으로 인한 사망) 수해, 화재나 그 밖의 재난으로 인하여 사망한 사람이 있는 경우에는 이를 조사한 관공서는 지체 없이 사망지의 시·읍·면의 장에게 통보하여야 한다. 다만, 외국에서 사망한 때에는 사망자의 등록기준지의 시·읍·면의 장 또는 재외국민 가족관계등록사무소의 가족관계등록관에게 통보하여야 한다.

50 민법 제1078조(포괄적 수증자의 권리의무) 포괄적 유증을 받은 자는 상속인과 동일한 권리의무가 있다.

51 민법 제1000조(상속의 순위) ③ 태아는 상속순위에 관하여는 이미 출생한 것으로 본다.

52 태아 관련 판례의 입장: 정지조건설(대법원 1976. 9. 14. 선고, 76다1365 판결) 태아가 특정한 권리에 있어서 이미 태어난 것으로 본다는 것은 살아서 출생한 때에 출생 시기가 문제의 사건의 시기까지 소급하여 그때에 태아가 출생한 것과 같이 법률상 보아 준다고 해석하여야 상당하므로 그가 모체와 같이 사망하여 출생의 기회를 못 가진 이상 배상청구권을 논할 여지 없다.

유언장 어떻게 쓸 것인가

(5) 상속순위

상속에는 법정상속과 유언상속이 있다. 법정상속은 사망자의 유언이 없는 경우를 대비하여 민법에 상속인의 범위와 순위, 상속분을 정하고 있다. 유언이 있는 경우 법정상속과 다르게 상속재산을 처분할 수 있다. 즉, 유언에 의하여 법정상속인이 상속에서 배제될 수도 있고, 상속인의 범위에 속하지 않은 사람이 상속재산을 증여받을 수도 있게 된다. 다만, 유언의 자유도 무제한적으로 보장되지 않는다. 유언 자유의 원칙에 따라 유족들에게 아무런 재산도 남기지 않은 유언이 존재할 경우, 유족의 생계가 위협받을 수 있기에 우리 민법은 유류분제도를 통하여 이를 보호하고 있다(민법 제1112조).[53] 유언이 없는 경우에는 법정상속에 따라 상속이 이루어진다. 또한 상속인이 될 직계비속, 형제자매가 상속개시 전에 사망하거나 결격자가 된 경우에는 그 직계비속이나 배우자가 사망자나 결격자의 상속분을 받는데, 이를 대습상속이라 한다(민법 제1001조 및 제1003조 제2항).[54]

---

53 **민법 제1112조(유류분의 권리자와 유류분)** 상속인의 유류분은 다음 각호에 의한다. ① 피상속인의 직계비속은 그 법정상속분의 2분의 1 ② 피상속인의 배우자는 그 법정상속분의 2분의 1 ③ 피상속인의 직계존속은 그 법정상속분의 3분의 1 ④ 피상속인의 형제자매는 그 법정상속분의 3분의 1

54 **민법 제1001조(대습상속)** 전조 제1항제1호와 제3호의 규정에 의하여 상속인이 될 직계비속 또는 형제자매가 상속개시 전에 사망하거나 결격자가 된 경우에 그 직계비속이 있는 때에는 그 직계비속이 사망하거나 결격된 자의 순위에 갈음하여 상속인이 된다. 제1003조(배우자의 상속순위) ② 제1001조의 경우에 상속개시 전에 사망 또는 결격된 자의 배우자는 동조의 규정에 의한 상속인과 동순위로 공동상속인이 되고 그 상속인이 없는 때에는 단독상속인이 된다.

민법상의 법정상속의 상속인과 순위는 다음과 같다(민법 제1000조).[55] △ 1순위: 사망자의 자녀와 배우자 △ 2순위: 사망자의 부모, 조부모 △ 3순위: 사망자의 형제자매 △ 4순위: 4촌 이내의 방계혈족(배우자는 1·2순위의 상속인이 있는 경우 그 상속인과 공동상속인이 되고 그 상속인이 없는 경우 단독상속인이 된다).

법정상속인이 존재하지 않는 경우 피상속인과 생계를 같이하고 있던 자, 피상속인의 요양간호를 한 자, 기타 피상속인과 특별한 연고가 있었던 자의 청구에 의하여 상속재산의 전부 또는 일부를 분여할 수 있다(민법 제1057조의2 특별연고자에 대한 분여).[56] 특별한 연고자가 없으면 상속재산은 국가로 귀속된다(민법 제1058조).[57]

---

55 **민법 제1000조(상속의 순위)** ① 상속에 있어서는 다음 순위로 상속인이 된다. 1. 피상속인의 직계비속 2. 피상속인의 직계존속 3. 피상속인의 형제자매 4. 피상속인의 4촌 이내의 방계혈족 ② 전항의 경우에 동순위의 상속인이 수인인 때에는 최근친을 선순위로 하고 동친 등의 상속인이 수인인 때에는 공동상속인이 된다. ③ 태아는 상속순위에 관하여는 이미 출생한 것으로 본다.

56 **민법 제1057조의2(특별연고자에 대한 분여)** ① 제1057조의 기간 내에 상속권을 주장하는 자가 없는 때에는 가정법원은 피상속인과 생계를 같이하고 있던 자, 피상속인의 요양간호를 한 자, 기타 피상속인과 특별한 연고가 있던 자의 청구에 의하여 상속재산의 전부 또는 일부를 분여할 수 있다. ② 제1항의 청구는 제1057조의 기간의 만료 후 2월 이내에 하여야 한다.

57 **민법 제1058조(상속재산의 국가귀속)** ① 제1057조의2의 규정에 의하여 분여(分與)되지 아니한 때에는 상속재산은 국가에 귀속한다.

유언장 어떻게 쓸 것인가

(6) 상속결격

상속인의 자격을 상실하게 만드는 일정한 사유를 법에서 규정하는데, 이를 상속결격사유라고 한다.[58] 상속결격사유로는 △ 고의로 직계존속, 피상속인, 그 배우자 또는 상속의 선순위나 동순위에 있는 자를 살해하거나 살해하려 한 자 △ 고의로 직계존속, 피상속인과 그 배우자에게 상해를 가하여 사망에 이르게 한 자 △ 사기 또는 강박으로 피상속인의 상속에 관한 유언 또는 유언의 철회를 방해한 자 △ 사기 또는 강박으로 피상속인의 상속에 관한 유언을 하게 한 자 △ 피상속인의 상속에 관한 유언서를 위조·변조·파기 또는 은닉한 자 등이다. 판례는 상속결격사유 중 두 번째 '고의'의 의미와 관련하여, "상속에 유리하다는 인식"은 필요 없고, 단지 상해의 고의만 있는 경우에도 상속결격사유가 된다고 하였다.[59]

---

[58] **민법 제1004조(상속인의 결격사유)** 다음 각 호의 어느 하나에 해당한 자는 상속인이 되지 못한다. 1. 고의로 직계존속, 피상속인, 그 배우자 또는 상속의 선순위나 동순위에 있는 자를 살해하거나 살해하려 한 자 2. 고의로 직계존속, 피상속인과 그 배우자에게 상해를 가하여 사망에 이르게 한 자 3. 사기 또는 강박으로 피상속인의 상속에 관한 유언 또는 유언의 철회를 방해한 자 4. 사기 또는 강박으로 피상속인의 상속에 관한 유언을 하게 한 자 5. 피상속인의 상속에 관한 유언서를 위조·변조·파기 또는 은닉한 자

[59] **대법원 1992. 5. 22. 선고 92다2127 판결.** 제1004조제2호는 고의로 직계존족, 피상속인과 그 배우자에게 상해를 가하여 사망에 이르게 한 자도 상속결격자로 규정하고 있는데, 이 경우에는 상해의 고의만 있으면 되고, 이 고의에 상속에 유리하다는 인식이 필요 없음은 당연하므로…

(7) 상속지분

상속지분이란 각 공동상속인이 상속재산에 대하여 갖는 권리·의무의 비율을 말한다. 상속지분은 지분을 결정하는 주체에 따라 피상속인의 의사에 의하여 정해지는 지정상속분과, 피상속인이 지정상속분을 지정하지 않을 때 법률규정에 의하여 정해지는 법정상속분이 존재한다. 공동상속인 간의 상속분은 균등하다(민법 제1009조 균분상속의 원칙).[60] 피상속인이 유언으로 상속재산의 분할 방법을 정하지 않은 경우에 공동상속인들은 언제든지 그 협의에 의하여 상속재산을 분할할 수 있다(민법 제1013조).[61]

- 1순위자의 배우자는 자녀 또는 부모와 공동상속을 할 때, 자녀나 부모 몫보다 50%를 더 받는다(민법 제1009조 제2항).[62]

- 1순위자인 직계비속끼리는 아들, 딸, 기혼, 미혼, 양자, 태중의 자녀, 혼인외자 여부 등을 불문하고 똑같은 비율로 균등 분할한다(민법 1009조 제1항).[63]

- 특별기여분: 같은 순위의 공동상속인 중에는 사망자의 재산을

---

60 **민법 제1009조(법정상속분)** ① 동순위의 상속인이 수인인 때에는 그 상속분은 균분으로 한다.

61 **민법 제1013조(협의에 의한 분할)** ① 전조의 경우 외에는 공동상속인은 언제든지 그 협의에 의하여 상속재산을 분할할 수 있다.

62 **민법 제1009조(법정상속분)** ② 피상속인의 배우자의 상속분은 직계비속과 공동으로 상속하는 때에는 직계비속의 상속분의 5할을 가산하고, 직계존속과 공동으로 상속하는 때에는 직계존속의 상속분의 5할을 가산한다.

63 **민법 제1009조(법정상속분)** ① 동순위의 상속인이 수인인 때에는 그 상속분은 균분으로 한다.

유언장 어떻게 쓸 것인가

증가시키거나 그 재산의 감소를 막는 데 특별히 공로가 있는
사람, 또는 사망자를 특별히 부양한 사람은 그 기여한 몫을 더
받을 수 있다. 이 몫에 대해 공동상속인 사이에 협의가 이루어
지지 않을 때는 당사자의 청구에 의해 가정법원에서 결정한다
(민법 제1008조의2).[64]

- 분묘에 속한 1정보(약 9,917㎡) 이내의 금양임야와 600평(약 1,983
㎡) 이내의 묘토인 농지, 족보와 제구의 소유권은 제사를 주재
하는 자가 이를 승계한다(민법 제1008조의3).[65] 제사용 재산은 목
적과 기능상 일반 상속재산과는 다르므로, 공동균분의 법리가
적용되지 않는다.[66]

---

64 **민법 제1008조의2(기여분)** ① 공동상속인 중에 상당한 기간 동거·간호 그 밖의 방법
으로 피상속인을 특별히 부양하거나 피상속인의 재산의 유지 또는 증가에 특별히 기
여한 자가 있을 때에는 상속개시 당시의 피상속인의 재산가액에서 공동상속인의 협
의로 정한 그 자의 기여분을 공제한 것을 상속재산으로 보고 제1009조 및 제1010조
에 의하여 산정한 상속분에 기여분을 가산한 액으로써 그 자의 상속분으로 한다. ②
제1항의 협의가 되지 아니하거나 협의할 수 없는 때에는 가정법원은 제1항에 규정된
기여자의 청구에 의하여 기여의 시기·방법 및 정도와 상속재산의 액 기타의 사정을
참작하여 기여분을 정한다. ③ 기여분은 상속이 개시된 때의 피상속인의 재산가액에
서 유증의 가액을 공제한 액을 넘지 못한다. ④ 제2항의 규정에 의한 청구는 제1013
조제2항의 규정에 의한 청구가 있을 경우 또는 제1014조에 규정하는 경우에 할 수
있다.

65 **민법 제1008조의 3(분묘 등의 승계)** 분묘에 속한 1정보 이내의 금양임야와 600평 이내
의 묘토인 농지, 족보와 제구의 소유권은 제사를 주재하는 자가 이를 승계한다.

66 **대법원 2008. 11. 20. 선고 2007다27670 전원합의체 판결 [유체인도 등]** 일부 발췌.
제사용 재산은 전통적인 제사상속제도에 수반되는 것으로서 선조에 대한 제사의 계
속성을 확보하기 위해 필요한 것일 뿐만 아니라 가통의 상징이 되는 정신적, 문화적
가치를 갖는 특별한 재산으로서 가문의 자랑이자 종족 단결의 매개물이라는 특성을
갖고 있는바, 제사용 재산의 승계에 관한 민법 제1008조의3은 이와 같이 특별한 의

(8) 상속 승인 포기

상속인은 상속개시 있음을 안 날로부터 3월 내에 단순승인이나 한정승인 또는 포기를 할 수 있으며(민법 제1019조 제1항), 상속인은 승인 또는 포기를 하기 전에 상속재산을 조사할 수 있다(민법 제1019조 제2항).[67]

상속인이 상속재산을 조사한 뒤 상속받을 재산과 채무를 비교하여 상속의 승인·포기 등을 결정하는 것이 일반적이다. 상속채무보다 상속재산이 많은 경우 단순 승인하면 되지만, 상속채무가 상속

미를 갖는 제사용 재산을 유지·보존함으로써 조상숭배와 제사봉행이라는 우리의 전통을 보존하는 것을 목적으로 하고 있다. 그리고 제사용 재산의 승계는 본질적으로 상속에 속하는 것이기는 하지만(대법원 2006. 7. 4. 선고 2005다 45452 판결 참조), 제사용 재산을 일반 상속재산과 같이 공동상속인들 사이에서 분배하는 것은 우리 사회 구성원들의 정서에 맞지 않을 뿐만 아니라, 그와 같이 할 경우 제사봉행을 위한 제사용 재산은 상속을 거듭할수록 분산·산일되어 결국 제사용 재산으로서 기능할 수 없게 될 것이므로, 제사용 재산은 일반 상속재산과는 다른 특별재산으로서 일반 상속재산에 관한 공동균분의 법리가 적용되지 않는다고 보아야 한다. 민법 제1008조의3에서 제사용 재산을 승계할 자를 재산상속인으로 정하지 않고 '제사를 주재하는 자'로 특정한 것은 이와 같은 제사용 재산 승계의 특수성을 반영하여 그 승계에 관한 법률관계를 간명히 처리하려는 데에 그 취지가 있는 것이다. 따라서 이러한 제사용 재산을 유지·보존하고 제사용 재산의 승계에 관한 법률관계를 간명히 하기 위해서는, 제사주재자를 공동으로 정하는 것보다는 특정한 1인으로 정하는 것이 적절하고, 그 특정인은 어느 정도 예측 가능하면서도 사회통념상 제사주재자로서의 정당성이 인정될 수 있는 자로 정하는 것이 바람직할 것이다.

67 **민법 제1019조(승인, 포기의 기간)** ① 상속인은 상속개시 있음을 안 날로부터 3월 내에 단순승인이나 한정승인 또는 포기를 할 수 있다. 그러나 그 기간은 이해관계인 또는 검사의 청구에 의하여 가정법원이 이를 연장할 수 있다(개정 1990. 1. 13.). ② 상속인은 제1항의 승인 또는 포기를 하기 전에 상속재산을 조사할 수 있다.

재산보다 많은 경우 또는 상속재산과 상속채무를 정확하게 잘 알지 못해서 비교할 수 없을 경우 상속포기 또는 한정승인을 결정할 수 있다.

한정승인은 상속인이 취득하게 될 재산의 한도에서 피상속인의 채무와 유증을 변제할 것을 조건으로 상속을 승인하려는 의사표시이다(민법 제1029조 및 제1019조 제3항).[68] 상속인이 한정승인을 한 때에는 상속채무가 상속재산을 초과할 경우에도 상속인은 취득하게 될 상속재산 범위 내에서만 변제할 의무가 있을 뿐이다. 즉, 한정승인은 상속인의 책임 범위를 제한하는 것이다.

① 단순승인

상속인이 상속의 단순승인을 한 때에는 피상속인의 권리의무를 제한 없이 승계하는 것을 말한다(민법 제1025조).[69]

△ 상속인이 상속재산에 대한 처분행위를 한 때(예를 들어, 상속재

---

68 **민법 제1028조(한정승인의 효과)** 상속인은 상속으로 인하여 취득할 재산의 한도에서 피상속인의 채무와 유증을 변제할 것을 조건으로 상속을 승인할 수 있다. **제1019조 (승인, 포기의 기간)** ③ 제1항의 규정에 불구하고 상속인은 상속채무가 상속재산을 초과하는 사실을 중대한 과실 없이 제1항의 기간 내에 알지 못하고 단순승인(제1026조 제1호 및 제2호의 규정에 의하여 단순 승인한 것으로 보는 경우를 포함한다)을 한 경우에는 그 사실을 안 날부터 3월 내에 한정승인을 할 수 있다(신설 2002. 1. 14.).

69 **민법 제1025조(단순승인의 효과)** 상속인이 단순승인을 한 때에는 제한 없이 피상속인 의 권리 의무를 승계한다.

산인 부동산을 다른 사람에게 팔고 등기를 넘겨준 경우, 상속재산인 주식을 매각한 경우, 상속재산인 예금이나 채권으로 자신의 빚을 갚은 경우 등) △ 상속인이 상속 승인 고려 기간 내에 한정승인 또는 포기를 하지 아니한 때 △ 상속인이 한정승인 또는 포기한 후에 상속재산을 은닉하거나 부정 소비하거나 고의로 재산목록을 기입하지 않은 때에 상속인이 단순 승인한 것으로 본다(민법 제1026조).[70]

② 한정승인

상속인이 상속으로 인하여 취득할 재산의 한도에서 피상속인의 채무와 유증을 변제할 것을 조건으로 상속을 승인하는 것을 말한다(민법 제1028조).[71]

피상속인의 남긴 재산보다 채무가 더 많을 경우에 신청하는 것으로, 상속개시가 있음을 안 날로부터 3개월 이내에 재산과 부채를 정리한 상속재산목록을 첨부하여 피상속인의 주소지 관할 법원에

---

70 **민법 제1026조(법정단순승인)** 다음 각호의 사유가 있는 경우에는 상속인이 단순승인을 한 것으로 본다. 1. 상속인이 상속재산에 대한 처분행위를 한 때 2. 상속인이 제1019조제1항의 기간 내에 한정승인 또는 포기를 하지 아니한 때 3. 상속인이 한정승인 또는 포기를 한 후에 상속재산을 은닉하거나 부정 소비하거나 고의로 재산목록에 기입하지 아니한 때

71 **민법 제1028조(한정승인의 효과)** 상속인은 상속으로 인하여 취득할 재산의 한도에서 피상속인의 채무와 유증을 변제할 것을 조건으로 상속을 승인할 수 있다.

유언장 어떻게 쓸 것인가

신청해야 한다(민법 제1030조).[72]

③ 특별한정승인

상속재산 중 상속채무가 상속재산을 초과한다는 사실을 중대한 과실 없이 상속개시일로부터 3개월 이내에 인지하지 못하여 단순 승인한 경우, 그 사실을 안 날로부터 3개월 이내에 한정승인을 신청할 수 있다(민법 제1019조 제3항).[73]

이 경우 상속재산 중 이미 처분한 재산이 있는 때에는 그 목록과 가액을 제출해야 한다(민법 제1030조 제2항).[74]

---

72 **민법 제1030조(한정승인의 방식)** ① 상속인이 한정승인을 함에는 제1019조 제1항 또는 제3항의 기간 내에 상속재산의 목록을 첨부하여 법원에 한정승인의 신고를 하여야 한다.

73 **민법 제1019조(승인, 포기의 기간)** ③ 제1항의 규정에 불구하고 상속인은 상속채무가 상속재산을 초과하는 사실을 중대한 과실 없이 제1항의 기간 내에 알지 못하고 단순 승인(제1026조제1호 및 제2호의 규정에 의하여 단순 승인한 것으로 보는 경우를 포함한다)을 한 경우에는 그 사실을 안 날부터 3월 내에 한정승인을 할 수 있다.

74 **민법 제1030조(한정승인의 방식)** ② 제1019조 제3항의 규정에 의하여 한정승인을 한 경우 상속재산 중 이미 처분한 재산이 있는 때에는 그 목록과 가액을 함께 제출하여야 한다.

④ 상속포기

상속인이 상속의 효력을 소멸하게 할 목적으로 하는 의사표시를 말한다.

상속인이 상속을 포기할 때는 상속개시 있음을 안 날로부터 3개월 이내에 상속개시지의 가정법원에 포기의 신고를 해야 한다(민법 제1041조).[75] 상속의 포기는 상속인으로서의 자격을 포기하는 것으로 상속재산 전부의 포기만 인정된다. 따라서 일부 또는 조건부 포기는 허용되지 않는다.

상속포기는 상속이 개시된 때에 소급하여 효력이 있다(민법 제 1042조).[76] 상속인이 수인인 경우에 어느 상속인이 상속을 포기한 때에는 그 상속분은 다른 상속인의 비율로 그 상속인에게 귀속된다(민법 제1043조).[77]

⑤ 한정승인, 상속포기 비교

한정승인과 상속포기는 피상속인으로부터 상속받을 재산보다

---

75 **민법 제1041조(포기의 방식)** 상속인이 상속을 포기할 때에는 제1019조제1항의 기간 내에 가정법원에 포기의 신고를 하여야 한다.

76 **민법 제1042조(포기의 소급효)** 상속의 포기는 상속개시된 때에 소급하여 그 효력이 있다.

77 **민법 제1043조(포기한 상속재산의 귀속)** 상속인이 수인인 경우에 어느 상속인이 상속을 포기한 때에는 그 상속분은 다른 상속인의 상속분의 비율로 그 상속인에게 귀속된다.

유언장 어떻게 쓸 것인가

채무가 오히려 더 많아 상속인이 피상속인의 채무를 부담해야 하는 경우에 그 부담에서 벗어날 수 있도록 활용될 수 있다는 공통점이 있다. 둘의 차이는 상속받는 상속인에게 자녀가 존재할 경우 발생한다. 재산보다 더 많은 채무를 상속한 상속인에게 자녀가 있는 경우 상속포기를 한다면 상속인이 부담해야 하는 채무가 상속인의 자녀들에게 상속된다. 그러나 재산보다 더 많은 채무를 상속한 상속인이 한정승인을 한다면 자녀들에게 채무가 다시 상속되지 않는다. 즉, 상속인이 자신 후순위 상속인에게 채무를 상속시키지 않고 자신의 상속순위에서 상속채무를 정리하길 원할 경우 한정승인을 하는 것이 적합하다.

(9) 호주의 승계

호주승계란 호주가 사망 또는 기타 사유로 인하여 호주권을 상실한 경우에 가족 중의 한 사람이 법률에 따라 호주의 지위를 승계하는 것을 말한다. 우리나라 가족법은 시대의 흐름에 따라 많은 변화를 가져왔고, 양성평등과 개인의 존엄이 혼인과 가족제도에서 최고의 가치규범으로 확고히 자리를 잡았다. 이를 바탕으로, 헌법재판소는 2005년 2월 3일 호주제도가 △ 양성평등원칙(헌법 제36조 제1항) 및 개인의 존엄(헌법 제36조 제1항)에 반하는 것이며 △ 변화된 사회환경과 가족상을 더 이상 반영하지 못한다는 이유로 헌법불합치 결정을 하였다.[78] 2005년 3월 31일 민법 개정에 의하여 호주제도는 폐지되었고, 다만 그 시행은 2008년 1월 1일로 유예되었다. 호주제는 성역할에 관한 고정관념에 기초한 차별로써 호주승계는 다음과 같은 순위에 따라 하게 된다.

△ 1순위: 피승계인의 직계비속 남자(아들) △ 2순위: 피승계인의 직계비속 여자(딸) △ 3순위: 피승계인의 처(아내) △ 4순위: 피승계인의 가족인 직계존속 여자(어머니) △ 5순위: 피승계인의 가족인 직계비속의 처(며느리).

---

78 헌법재판소 2005. 2. 3. 자 2001헌가9, 10, 2001헌가11, 12, 13, 14, 15, 2004헌가5(병합) 결정 [민법 제781조 제1항 본문 후단 부분 위헌제청 등] 헌법불합치

유언장 어떻게 쓸 것인가

6. 상속·증여세 공제

증여의 경우, 수증자가 아래의 증여자로부터 증여받는 경우에는 10년간 아래의 누적되는 한도액까지 공제받는다.

증여자	배우자	직계존속	직계비속	기타 친족 (6촌 혈족 4촌 인척)
공제한도액 (10년 누계)	6억 원	5천만 원 (미성년자 2천만 원)	5천만 원	1천만 원

상속의 경우, △ 기초공제 2억 원 △ 자녀는 1인당 5천만 원 △ 미성년자는 19세까지 1천만 원 △ 65세 이상의 연로자는 1인당 5천만 원 △ 장애인은 1인당 기대여명 연수까지 1천만 원 △ 배우자 상속 공제로 5억 원의 공제를 받을 수 있다.

자신의 재산을 가족들에게 상속할지 또는 증여할지 여부와 관련하여 △ 증여는 받은 재산에만 과세되나, 상속은 전체 재산에 과세된다는 점 △ 증여 공제는 10년마다 가능하나, 상속 공제는 사망 시 단 한 번만 가능한 점 △ 증여 시기는 스스로 선택이 가능하나, 상속은 스스로 선택이 불가능한 점 등을 고려하여 자신에게 적합한 수단을 선택하여야 할 것이다.

유 언 장

• 인적사항

  성명: 홍 길 동

  주민등록번호: ******-*******

  > 수소가 없어
  > 유언장이 무효!

유언자 홍길동은 2023년 **월

다음과 같이 자필증서로 유언합니다.

- 다 음 -

1. 배우자 ○○○에게 ① 부동산 A, ② 보험금, ③ 임대차 보증금을
   상속한다.

2. 장녀 ○○○에게 부동산 B를 상속한다.

   > 일자가 없어
   > 유언장이 무효!

2023년 **월

유언자   홍길동

[부록 2] 유언장 예시

※ 모든 내용은 **자필**로 작성합니다. **작성연월일, 서명, 주소**가 반드시 들어가야 하며 **날인**합니다.

유 언 장

• 인적사항

성명: 홍 길 동
주민등록번호: ******-*******
주소: 서울시 강남구 ***번길 ***, A아파트 ****동 ***호
유언장소: 서울시 강남구 ***번길 ***, A아파트 ****동 ***호

유언자 홍길동은 2023년 **월 **일
위 유언장소에서 다음과 같이 자필증서로 유언합니다.

- 다 음 -

1. 배우자 ○○○에게 ① 재산목록 1. 부동산 가, ② 재산목록 3. 보험금, ③ 재산목록 4. 임대차 보증금을 상속한다.

2. 장녀 ○○○에게 재산목록 1. 부동산 나.를 상속한다. 다만, 10년간 배우자 ○○○를 봉양한 조건을 달성한 경우에 장녀에게 지급한다. 그 전까지는 배우자 ○○○가 관리하나, 처분권한은 존재하지 아니한다.

3. 차녀 ○○○에게 재산목록 2. 예금을 상속한다. 다만, 10년간 배우자 ○○○를 봉양한 조건을 달성한 경우에 차남에게 지급한다. 그 전까지는 배우자 ○○○가 관리하나, 처분권한은 존재하지 아니한다.

4. 손녀 ○○○에게 재산목록 5. 주식을 상속한다. 다만, 손녀 ○○○가 20세가 될 때까지는 □□□가 후견인으로 보호 및 관리하되, 처분권한은 존재하지 아니한다.

5. 장례는 **식으로 진행하고, 장지는 ** 선산으로 한다.

6. 장녀, 차녀는 모두 배우자인 ○○○를 봉양하며, 효도를 다하고 서로 화목하게 지낼 것을 유언한다.

7. 유언집행자는 상속인 ○○○(또는 변호사)으로 지정한다.

※ 별첨: 재산목록

2023년 **월 **일
유언자 홍길동

※ 별첨

재 산 목 록

1. 부동산

가. 서울시 강남구 **동 **** 대 100㎡

나. 서울시 강북구 **동 ****

　　[도로명주소] 서울시 강북구 **로 36 시멘트벽돌조 스레트지붕 단층주
　　　　　　택 50㎡

2. 예금

- 은행명:
- 계좌번호:
- 금액:

3. 보험금

- 회사명: ○○생명
- 증권번호: ****
- 보험기간:
- 보험금액:
- 수익자:

4. 임대차 보증금

- 소재지: 서울시 서초구 ***번길 *** B아파트 ****동 ***호
- 임대인: 김철수
- 임차인: ○○○
- 임대차 기간: ****. **. **. ~ ****. **. **.
- 보증금: ***,***,***원

5. 주식

- 회사명:
- 주식수:

6. 기타

참고문헌

제1장
100세 시대의 웰에이징

○ 박상철 외(2005), 한국 장수인의 개체적 특성과 사회환경적 요인, 서울대학교 출판부

○ 우진하 역(2020), 2030 축의 전환, 리더스북

○ 한스미디어(2016), 노후 파산 시대, 제2권, 한스미디어

○ 김두리 외, 「국내 웰에이징 연구에 대한 통합적 문헌고찰」

○ 김지연, 「자살에 대한 통합력 이론의 접근: 유서내용의 분석을 중심으로」

○ 박아르마, 권온, 김광환, 「유서에 반영된 부정적 요인과 대안으로서의 웰에이징 요소 연구」

○ 서병호, 「고령화 시대 유언대용신탁의 역할 및 활성화 방안」

○ 서종한, 최선희, 방성일, 김경일, 「한국유서와 미국유서 간 비교연구」

○ 이미애, 「일본고령자의 장묘에 대한 의사표시와 유언장」

○ 이홍식, 「죽음의 문학적 전통과 유서」

○ 이홍식, 「유언의 사회문화적기능과 의미탐색-남서유서와 비교를 중심으로」

○ 이홍식, 「조선시대 여성 유서의 사회문화적 기능과 의미탐색」

○ 이종덕, 「디지털 시대의 도래에 따른 유언방식에 대한 소고-스마트 기기를 이용한 자필유언을 중심으로」

○ 최대환, 「베토벤, 하일리겐슈타트에서 유서를 쓰다」

○ 건양대학교 웰다잉융합연구소, 『웰에이징, 행복하게 나이드는 기술』

○ 황신애, 『나는 새해가 되면 유서를 쓴다』

○ 김정민, 노지민 지음, 『바보들의 행복한 유언』

○ 남충현, 이규민, 『죽음교양수업』

○ Barry K. Baines, M.D, ETHICAL WILLS, Putting your values on paper

○ 미리암 슐만, 『ETHICAL WILLS』, 윤리에 대한 유언, https://www.scu.edu/mcae/publications/iie/v7n3/testament.html

○ 법률신문, 「유언장 정부. 지자체가 보관… 자필유언공적보관제 도입해야…」 유언법제 개선 변호사 모임 세미나(2022. 7. 5.), https://m.lawtimes.co.kr/Content/Article?serial=179999

○ 고인이 당신께 남긴…디지털 유산입니다, SBS 뉴스자료, https://news.sbs.co.kr/news/endPage.do?news_id=N1006571255

○ 애플 '디지털 유산' 도입…유족이 고인 아이폰 속 사진 볼 수 있다, MBN 뉴스 https://m.mbn.co.kr/news/world/4660591

○ 애플, 디지털 유산 인정… 고인이 쓰던 아이폰 속 사진·영상 접근 허용, 조선일보 보도, https://www.chosun.com/economy/tech_it/2021/12/16/PHTJDXB7QZARDHNDK75YPNFAQM/

○ 유네스코헌장, 「디지털 유산 보존에 관한 헌장」

○ 김현진 외(2020), OECD ESP 사회정서역량 조사: 국제공동연구(IV), 서울: 교육개발원

○ 이윤경, 김세진, 황남희, 임정미, 주보혜, 남궁은하 외 4인(2020), 2020년도 노인실태조사. 보건복지부·한국보건사회연구원

○ 정경희, 오영희, 강은나, 김경래, 이윤경, 오미애 등, (2017). 2017년도 노인실태조사. 보건복지부·한국보건사회연구원

○ 송민혜, 강민지(2021), 서울시 50+ 세대 실태조사: 포스트코로나 50+ 세대 라이프스타일 변화 연구. 서울: 서울시50플러스재단

○ 송민혜, 홍은선, 이병길, 김영석, 정건화, 민보람, 박선영(2019), 해외 50+정책 사례 분석. 서울: 서울시 50플러스재단

○ 이희수(2021), [50+ 리포트2021] 3호 v. 27 ①이슈 PICK: 학습관계망이 중요한 50+ 세대, https://50plus.or.kr/org/detail.do?id=8506347

○ 권석만(2019), 삶을 위한 죽음의 심리학, 서울: 학지사

○ 허석, 조진희, 백승현, 김영훈, 윤계하, 연선경, 이상기, 최명지(2020), 초고령화사회 대응 액티브 시니어 라이프스타일 연구 보고서, 서울: 한국디자인진흥원

○ 심수진, 남상민, 김은아(2023),「국민 삶의 질 2022」, 대전: 통계청 통계개발원

○ Kübler-Ross, E. (1969), On Death and Dying, New York: Scribner

○ Feifel, H. (1959), The Meaning of Death, New York: McGraw-Hill

○ 이윤주, 조계화, 이현지(2006), 죽음 교육 모형 탐색, 아시아 교육연구, 7(3)

○ Knott, J. E. (1979), Death education for all. In H. Wass(Eds.), Dying: Facing the facts(2nd ed.). Washington, DC: Hemisphere

○ King, J. & Hayslip, B. (2001), The media's influence on college students' views of death. Omega, 44

○ Wass, H. (2003), Children and media violence. In R. Kastenbaum(Eds.), MacMillan encyclopedia of death and dying(vol. 1), New York : MacMillan

○ 김두리 외,「국내 웰에이징 연구에 대한 통합적 문헌고찰」

○ 김두리 외,「웰에이징 강사가 인식하는 '웰에이징' 의미 분석」

○ 이종형 외,「빅데이터 분석을 활용한 웰에이징 요인에 관한 연구: 신문기사를 중심으로」

○ 박상철(2009), 웰에이징: 생각의 나무

○ 고광애(2016), 나이 드는 데도 예의가 필요하다: 바다출판사

제2장
웰에이징과 유언장

○ 건양대학교 웰다잉융합연구회, 『지혜로운 삶을 위한 웰다잉』, 구름서재, 2016

○ 양정연, 「일본의 '종활(終活)'에 대한 생사학적 관점」, 『인문사회 21』 9권 5호, 2018

○ 이미애, 「일본 고령자의 장묘(葬墓)에 대한 의사표시와 유언장」, 『일본문화연구』 42, 2012

○ 김진흥, 이해영(2022), 개인의 사후 디지털 기록관리를 위한 정책과 방안, 한국기록학회, 1(72)

○ https://blog.naver.com/starkkong/222002140653

○ http://www.munhwa.com/news/view.html?no=2022090801039910126001

○ https://news.koreadaily.com/2017/07/19/economy/economygeneral/5445613.html

○ 이종덕(2020), 디지털 시대의 도래에 따른 유언방식에 대한 소고-스마트기기를 이용한 자필 유언을 중심으로-, 법과 정책연구, 20(4), 60

○ 권정생 어린이문화재단, 유언장과 유품, https://kcfc.or.kr/board/bbs/about03.php

○ 자살보도권고기준 3.0, 한국기자협회, https://www.journalist.or.kr/news/section4.html?p_num=12

○ 서종한(2015), 심리부검-나는 자살한 것을 후회한다, 서울:학고재

○ 박형민(2010), 자살, 차악의 선택-자아의 성찰성과 소통 지향성, 서울: 이학사

○ 임석현, 유서에 나타난 병사들의 자살심리 프로파일링에 관한 연구, 광운대학교 박사학위논문, 2014

○ 김지연, 자살에 대한 통합적 이론의 접근: 유서 내용의 분석을 중심으로, 『영어권문화연구』, 2017, 10(3)

○ 박아르마, 권온, 안상윤, 김광환, 유서에 반영된 부정적 요인과 대안으

로서의 웰에이징 요소 연구, 『디지털융복합연구』, 2021, 19(5)

○ 기언 별집, 제16권, 구묘문(丘墓文), 소재(穌齋) 선생 신도비명(神道碑銘)

○ 택당 선생 별집, 제16권, 잡저, 택구거사 자서(澤癯居士自敍), 자지(自誌) 속편

○ 무명자집 문고, 제13책, 협리한화 65조목[峽裏閒話 六十五]

○ 다산시문집, 제16권, 묘지명(墓誌銘)

제3장
나는 이렇게 유언장을 썼다

○ 머니투데이, 매케인의 마지막 인사, https://news.mt.co.kr/mtview. php?no=2018082809321784325

○ 나태주(2021), 『가지 말라는데 가고 싶은 길이 있다』, 넥서스

○ 김용택(2016), 『울고 들어온 너에게』, 창비

○ 나태주 엮음(2021), 『시가 사랑을 데리고 온다』, &(앤드)

제4장
유언장의 의미와 실천

○ 강경아, 이경순, 박강원, 김용호, 장미자, 이은(2010), 죽음 교육 프로그램 참여자의 죽음인식, 생애 의미 및 죽음에 대한 태도, 한국호스피스완화의료학회지, 13(3)

○ 정순둘, 김수현, 구미정(2014), 죽음관련 요인과 죽음 준비의 관계: 예비노인과 베이비부머의 비교. 한국인구학, 37(1)

○ 김지현, 강연욱, 유경, 이주일(2009), 성공적 노년기의 자아통합감에 대한 인식에 영향을 주는 변인들에 대한 연구: 죽음에 대한 태도를 중심

으로. 한국심리학회지: 사회 및 성격, 23(4)

○ https://www.chosun.com/site/data/html_dir/2010/03/17/2010031701309.html

○ https://bluelight.tistory.com/431

○ https://blog.naver.com/hoilsanta/222889990362

○ https://blog.naver.com/navinari20/222321863806

○ https://blog.naver.com/pebbleluck/172158073

○ https://blog.naver.com/motorage1/222716285106

○ https://blog.naver.com/lifetube/222452955190

○ '내가 죽으면 제사 지내지 말고 외식해라', 한겨레 이유진 기자, 2013. 7. 3., https://www.hani.co.kr/arti/specialsection/esc_section/594317.html

○ 각당복지재단 엮음(2016), 『아직 펴보지 않은 책 죽음』, 신앙과 지성사

○ 타고르, 『길 잃은 새』, 청미래, 2016

○ 황신애, 『나는 새해가 되면 유서를 쓴다』, EBS BOOKS, 2021

○ 정철상, 『내 인생의 우선 가치관 수립하기』, 에듀진, 2021

○ 김진국, 『따뜻한 심리학』, 어나더북스, 2021

○ 최종엽, 『오십에 읽는 논어』, 유노북스, 2021

○ 김나영, 『노년의 삶을 잘 유지하는 100가지 지혜』, 고려대학교, 2008

○ 양선이, 『흄의 철학을 통해서 본 노년과 지혜 그리고 행복한 노화』, 인제대학교 인간 환경미래연구원, 2021

○ 타마키 타다시, 『돈의 배반이 시작된다』, 한국경제

○ 황진수, 『행복한 노년의 삶은 무엇인가』, 한국학술정보, 2022

○ 정약용, 『다산 정약용의 인생수업』, 아름다운 날, 2015

○ 마르가레타 망누손 지음, 황소연 옮김(2017), 『내가 내일 죽는다면』, 시공사

○ 국립민속박물관(2016), 『하피첩, 부모의 향기로운 은택』

○ 심경호, 『내면기행』, 이가서, 2009

○ 성경구약전서 창세기 49:1~32

○ 정약용 저, 박지숙 편, 『유배지에서 보낸 정약용의 편지』, 보물창고, 2015

○ 윤리적 의지 워크시트: https://www.everplans.com/articles/ethical-will-worksheet

○ 윤리적 유언장: http://life-legacies.com/ethicalwills/index.html

○ 도재기, 도재기의 천년향기-정약용의 가족애 '하피첩', 경향신문, 2018. 4. 27.

○ https://m.khan.co.kr/culture/culture-general/article/201804271/20005#c2b

○ 서병호, '고령화 시대 유언대용신탁의 역할 및 활성화 방안', 한국금융연구원, 『주간금융브리프』 30권 6호, 2021년 3월

○ '인생의 마감을 준비하는 마지막 유품정리', 『브라보 마이라이프』, 2017. 8. 9., https://bravo.etoday.co.kr/view/atc_view.php?varAtcId=7425

○ '죽음의 현장에서 보이는 것-김새별 유품정리사', 『단대신문』, 2022. 5. 31., http://dknews.dankook.ac.kr/news/articleView.html?idxno=18366

○ 김새별, 전애원, 『떠난 후에 남겨진 것들』, 청림출판, 2020